José Humberto Gimenes Batista
Marcelo Henrique de Sousa Estevam

Compliance Digital na Administração Pública

Perspectivas culturais de *compliance* em privacidade e proteção de dados na Administração Pública Contemporânea

A editora Marco Teórico considera a publicação de um livro como a mais nobre forma de intercâmbio cognitivo, associada à oportunidade de expor o resultado da criação intelectual de profissionais das mais diversas áreas. Por isso, concentra esforços para oportunizar, a autores selecionados, o mais amplo acesso ao mercado literário, estimulando iniciativas e conteúdos que fomentam o desenvolvimento do potencial criativo e promovem a evolução do saber técnico e científico. Tudo isso, com o escopo de disponibilizar à humanidade as conquistas obtidas por aqueles cuja principal ferramenta é o CONHECIMENTO!

José Humberto Gimenes Batista
Marcelo Henrique de Sousa Estevam

Compliance Digital na Administração Pública

Perspectivas culturais de *compliance* em privacidade e proteção de dados na Administração Pública Contemporânea

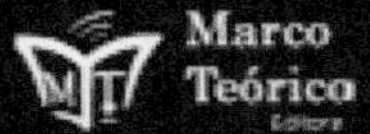

Administração Pública Digital:

Perspectivais culturais de Compliance *em Privacidade e Proteção de Dados na Administração Pública Contemporânea*

Apoio	Etiene Luiza Ferreira Pleti
Concepção	José Humberto Gimenes Batista Marcelo Henrique de Sousa Estevam
Elaboração, edição e revisão	José Humberto Gimenes Batista Marcelo Henrique de Sousa Estevam
Capa	José Humberto Gimenes Batista
Projeto gráfico e diagramação	Etiene Luiza Ferreira Pleti

Editora Marco Teórico
CNPJ/MF nº 41.239.994/0001-80
Avenida dos Ferreiras, 475, casa 631, Uberlândia – MG
CEP 38.406-136
www.marcoteorico.com.br

Dados Internacionais de Catalogação na Publicação (CIP)

B333
2023

Administração Pública Digital: Perspectivas culturais de *Compliance* em Privacidade e Proteção de Dados na Administração Pública Contemporânea / José Humberto Gimenes Batista; Marcelo Henrique de Sousa Estevam. Uberlândia: Marco Teórico, 2023.
132 p.

Inclui bibliografia.
ISBN: 978-65-998403-9-5

1. Direito Administrativo. 2. Governança pública. 3. *Compliance.* I. Batista, José Humberto Gimenes; II. Estevam, Marcelo Henrique de Sousa Estevam.

CDU: 340/341.3

Catalogação na fonte

Conselho Editorial

JOSÉ DAVID PINHEIRO SILVÉRIO
Mestre em Políticas Anticorrupção pela Universidad de Salamanca. Advogado da União na Advocacia-Geral da União.

FRANCISCO ILÍDIO FERREIRA ROCHA
Doutor em Direito Penal pela PUC-SP. Mestre em Direito pela Universidade de Franca. Professor da Universidade Federal do Mato Grosso do Sul

GEILSON NUNES
Doutor em Direito e Mestre em Direito pela Universidade de Marília – SP. Professor da UNIMAR e do Curso de Formação de Sargentos e Soldados da PMMG.

HELOISA HELENA DE ALMEIDA PORTUGAL
Doutora em Direito Constitucional pela PUC-SP, Mestre em Direito Negocial pela Universidade Estadual de Londrina. Professora da Universidade Federal do Mato Grosso do Sul - UFMS

KARLOS ALVES BARBOSA
Mestre em Direito Público pela Universidade Federal de Uberlândia. Professor da Universidade Federal de Uberlândia – UFU.

JOÃO VICTOR ROZATTI LONGHI
Pós-Doutor no International Post-doctoral Programme in New Technologies and Law do Mediterranea International Centre for Human Rights Research (MICHR - Università "Mediterranea" di Reggio Calabria), Itália. Pós-Doutor em Direito pela UENP. Doutor em Direito do Estado na Faculdade de Direito da Universidade de São Paulo - USP. Mestre em Direito Civil pela Universidade do Estado do Rio de Janeiro - UERJ. Defensor Público do Estado do Paraná.

Luiz Carlos de Melo Figueira
Doutor em Direito Administrativo pela Universidade Federal de Minas Gerais. Professor de Direito Administrativo da Universidade Federal de Uberlândia - UFU.

Marco Aurélio Machado de Oliveira
Doutor em História Social pela Universidade de São Paulo. Professor Titular da Universidade Federal de Mato Grosso do Sul.

Michel Canuto de Sena
Doutor com ênfase em *bullying* entre crianças e adolescentes: a questão dos direitos humanos e dos conflitos escolares (UFMS). Mestre com linha de pesquisa na Lei nº 11.196/05 - financiamento de pesquisas pela Universidade Federal de Mato Grosso do Sul – UFMS.

Philipe Anatole Gonçalves Tolentino
Mestre em Direitos Humanos pela Universidade Federal de Goiás. Advogado e Assessor Jurídico da Defensoria Pública do Estado de Goiás – DPE/GO.

Rafhaella Cardoso
Doutora em Direito Penal pela Faculdade de Direito da Universidade de São Paulo - USP. Mestre em Direito Público pela Universidade Federal de Uberlândia - UFU. Advogada.

Rosiris Cerizze
Mestre em Direito Empresarial pela Faculdade de Direito Milton Campos/MG. Mestre em Tributação Internacional pela Universidade de Lausanne – UNIL, Suíça. Advogada

Tales Calaza
Mestrando em Direito pela UFMG. Advogado.

Tiago Nunes
Doutor e Mestre em Direito pela Universidade de Marília-UNIMAR. Professor de Direito Administrativo na Faculdade ESAMC/Uberlândia.

Viviane Ramone Tavares
Mestranda em *Compliance* pela AMBRA *University*. Advogada.

Wendel de Brito Lemos Teixeira
Mestre em Direito Público pela Universidade Federal de Uberlândia Professor da Pós-graduação de Direito Processual Civil da PUC-MG (Uberlândia). Advogado.

SOBRE OS AUTORES

José Humberto Gimenes Batista
Pós-graduando em Direito Digital. Pós-graduando em Direito Público. Bacharel em Direito pela UNITRI, Ceo da Next Corporate –Consultoria & Treinamentos - Legal Tech & Privacy Tech, Fundador do Canal @legaltalksoficial no Instagram/Facebook/YouTube, Consultor Político associado na ABCP, Membro da ANPPD - Associação Nacional de Profissionais de Privacidade de Dados, Empresário, Palestrante, tem participações certificadas em diversos cursos, palestras e seminários on-line de especialização em Proteção e Privacidade de Dados no Brasil, Estados Unidos e Portugal.

Marcelo Henrique de Sousa Estevam
Mestrando em Direito pela Universidade Federal de Uberlândia. Especialista em Direito Digital e Compliance pelo Instituto Damásio da Faculdade de Direito do Instituto Brasileiro de Mercado de Capitais (Ibmec-SP). Bacharel em Direito pela Universidade Federal de Uberlândia. Pesquisador voltado a temática da proteção dos vulneráveis, em especial da vulnerabilidade nas relações privadas e sociedade da informação. Advogado.

"De tanto ver triunfar as nulidades; de tanto ver prosperar a desonra, de tanto ver crescer a injustiça. De tanto ver agigantarem-se os poderes nas mãos dos maus, o homem chega a desanimar-se da virtude, a rir-se da honra e a ter vergonha de ser honesto"

— Rui Barbosa

"Há que se cuidar da vida, há que se cuidar do mundo".

— Coração de Estudante - Milton Nascimento

Dedico esse trabalho à minha mãe e minha esposa. Duas mulheres extraordinárias e fundamentais para minha dedicação às pesquisas jurídicas e ao Direito.

— *José Humberto Gimenes Batista*

Dedico esse trabalho à todos e todas que acreditam na pesquisa, sobretudo a pesquisa jurídica sob a perspectiva interdisciplinar, e as pessoas que se dedicam à ela.

— *Marcelo Henrique De Sousa Estevam*

Prefácio

Recebi com satisfação o honroso convite do meu aluno e amigo José Humberto Gimenes Batista para prefaciar a presente obra, que ele escreveu em co-autoria com o brilhante Marcelo Henrique de Sousa Estevam.

José Humberto, empresário e grande jurista, foi meu aluno no Curso de Direito do Centro Universitário do Triângulo, ocasião que pude notar, desde o primeiro contato consigo, que era uma estrela jurídica em ascensão. Sabe da importância de lutar pelo Direito e, principalmente, pela Justiça. Sabe do valor do estudo dedicado e, também, do trabalho. Era impossível não nascer ali um grande jurista.

Marcelo, por sua vez, tem trajetória acadêmica similar à minha. Graduou-se na Universidade Federal de Uberlândia (UFU) e se especializou em Direito Digital e Compliance pelo Instituto Damásio/IBMEC. Hoje, é mestrando em Direito também pela UFU, sendo orientado em sua dissertação pelo querido Fernando Rodrigues Martins, que também foi meu orientador.

Da junção dos trabalhos desses dois, só poderia sair uma brilhante obra, como é esta que o leitor tem em mãos.

Em seu capítulo, José Humberto trata do compliance de dados na Administração Pública Federal, analisando a (in) existência de cultura de proteção de dados entre os agentes públicos. Para tanto, menciona a necessidade de que a Administração Pública tenha uma governança digital, que é um objetivo instituído desde 2011, quando foi promulgada a Lei de Acesso à Informação, confirmado, depois, pelo Marco Civil da Internet e, mais recentemente, pela Lei Geral de Proteção de Dados. O leitmotiv do trabalho de José Humberto é entender se já estamos na "maioridade cultural" no que diz respeito ao equilíbrio entre transparência e privacidade na divulgação de atos que envolvam dados pessoais de cidadãos e agentes públicos.

Já o autor Marcelo usa o direito humano à proteção de dados como pano de fundo para a discussão do compliance de direitos humanos. Seu leitmotiv passa pela discussão de como a gestão de riscos digitais e termos de uso e políticas de privacidade atuam na proteção de dados pessoais no âmbito corporativo, considerando as diretrizes, tanto normativas quanto administrativas, de responsabilidade social das empresas, no âmbito da proteção ao direito à privacidade, que aparece como um direito ainda maior do que o da proteção de dados.

Sendo assim, são dois textos fundamentais para o estudo e compreensão do direito à proteção de dados, mormente porque um deles trata do assunto no âmbito do Direito Público e o outro no da iniciativa privada. Trata-se de leitura instigante e, do ponto de vista acadêmico, robusta.

Boa leitura!

Gabriel Oliveira de Aguiar Borges

Doutorando em Direito Político e Econômico pela Universidade Presbiteriana Mackenzie. Presidente da Comissão de Integridade e Compliance da 13ª Subseção da OAB/MG. Professor do Curso de Direito do Centro Universitário do Triângulo (Unitri - MG).

Apresentação

O tema abordado na presente obra se revela como de domínio indispensável pelos profissionais da Administração Pública nacional. Isso porque o Brasil experimenta, na atualidade, verdadeira revolução na cultura da gestão pública. Infelizmente, nesse meio, admitiu-se a ilicitude com certa naturalidade.

Chegou-se ao ponto, inclusive, de países mais desenvolvidos a considerarem como a "graxa" necessária para possibilitar que a roda da economia girasse (*greese on the wheels*). Contudo, movimentações oriundas de diversas economias do globo influenciaram, decisivamente, o cenário sociopolítico brasileiro.

Nesse contexto, surgiram leis direcionadas à coibição de práticas que corrompem o ambiente de livre concorrência e, com isso, abalam equilíbrio de uma economia de livre mercado.

À semelhança do estatuto britânico antissuborno (*UK Bribery Act*) e da norma estadunidense destinada a combater a corrupção no comércio internacional (FCPA – *Foreign Corrupt Practices Act*), o ordenamento jurídico nacional passou a contar com a Lei Anticorrupção (Lei 12.846/2013).

Esta última, por sua vez, reuniu pontos importantes daqueles outros dois diplomas estrangeiros. Além disso, outros instrumentos normativos também passaram a mencionar as práticas de conformidade jurídica, como é o caso da Lei das Empresas Estatais (Lei 13.303/2016) que optou, inclusive, por utilizar a expressão estrangeira *compliance* em seu teor.

Eis, então, o grande mérito desta obra: introduzir o leitor no estudo desse instituto interdisciplinar, abordando-o com o rigor científico de dois pesquisadores que buscaram analisar a viabilidade de sua adoção no seio da Administração Pública, ora em benefício da implementação de práticas de governança, ora em defesa dos direitos humanos. Mas longe de se restringir, tão somente, ao aspecto teórico do tema, o texto aqui apresentado enfrentou, com singular pragmatismo, as novas perspectivas do *compliance* público ante a novel legislação brasileira voltada à proteção de dados pessoais.

Convido o leitor, então, a desfrutar do conhecimento compartilhado pela experiência concreta de José Humberto e do olhar acadêmico de Marcelo Henrique que combinaram esforços para lançar luzes a problemática tão atual.

Uberlândia, janeiro de 2022.

Ricardo Padovini Pleti Ferreira

Doutor e mestre em Direito Empresarial pela Universidade Federal de Minas Gerais – UFMG. Professor da Universidade Federal de Uberlândia – UFU.

Sumário

PARTE II

Parte I

Cultura de governança digital na Administração Pública Federal e a privacidade e proteção de dados

Capítulo 1

Introdução

Inicialmente, com o intuito de ilustrar mundialmente o comportamento normativo em relação à privacidade e proteção de dados, podemos fazer um comparativo do desenvolvimento da cultura e controle da privacidade e proteção de dados, entre a Europa, Estados Unidos e Brasil.

As primeiras preocupações em regulamentar o tratamento de dados na Europa, se deu por volta dos anos 80 com a preocupação da capacidade crescente dos computadores no processamento de dados, e que, isso pudesse oferecer possibilidades de manipulação do processamento de dados pessoais pelo Estado e pelas empresas.

Em 1979 já surgiram as primeiras leis de proteção de dados nos países-membros da Europa.

Passaram-se longos 16 anos até que em 1995, foi criada na União Europeia a Diretiva 95/46 que, dentre outros fatores, deu início ao tratamento jurídico da proteção de dados com maiores detalhes técnicos para se fazer o controle da proteção e privacidade de dados.

Com o avanço brutal do processamento de dados a partir do ano 2000, várias discussões houveram, e estudos foram desenvolvidos no sentido de resguardar a privacidade dos dados, até que em 2016 foi criado o GDPR - General Data Protection Regulation, ou em português "Regulamento Geral sobre a Proteção de Dados", atualizando assim as normativas da Diretiva 95.

Nos Estados Unidos, cada estado tem sua legislação tratando das políticas de privacidade e proteção de dados. O mais conhecido é o CCPA - California Consumer Privacy Act - Lei de Proteção de Dados da Califórnia, nos Estados Unidos, que foi criado em 2018 e entrou em vigor em 2020.

No Brasil, as primeiras preocupações em resguardar a privacidade e a proteção de dados pessoais, surge com a Constituição Federal de 1988, com a previsão no art. 5º, X, "são invioláveis a intimidade, a vida privada, a honra e a imagem das pessoas, assegurado o direito à indenização pelo dano material ou moral decorrente de sua violação".

Existem também previsões de proteção de dados em outros diplomas legais brasileiros, como exemplo, o Código de Defesa do Consumidor.

Em 2016, foi regulamentado o Marco Civil da Internet, tratando diretamente dos limites da internet no Brasil.

Já em 2018, foi promulgada, após muita discussão, a Lei Geral de Proteção de Dados – LGPD, Lei 13.709/2018 que trata diretamente da regulamentação da coleta, tratamento, armazenamento, compartilhamento e eliminação de dados pessoais no Brasil. A LGPD, foi baseada em quase 90% dos termos do GDPR europeu, com algumas alterações para se adaptar ao cenário normativo brasileiro.

Desde a LGPD, temos então regulamentados, os direitos e deveres de empresas, órgãos públicos e titulares de dados.

Após entender essa evolução normativa, o que se busca analisar no tema em questão, são os níveis de cultura existentes na administração pública, sob a ótica da "Governança Digital", resguardados os mecanismos de Privacidade e Proteção de Dados, impostos pela vigência da LGPD – Lei 13.709/2018 - Lei Geral de Proteção de Dados.

Quando se trata de gestão de dados na administração pública, o assunto se torna muito sensível, pois além da obrigação de se deter dentro dos limites impostos pela legislação inerente à liberdade e privacidade dos titulares de dados, ainda devem ser seguidos os princípios norteadores da administração pública.

Diante dessa complexidade, tem-se explícito, que a privacidade e a proteção de dados, foi recentemente incluído na Carta Magna Brasileira, como um Direito Fundamental. Daí decorre a importância de estudos voltados para a garantia desse Direito Fundamental.

Nesse contexto, é desejável enxergar a administração pública digital, como sinônimo de eficiência no serviço público, sempre resguardados os princípios e o interesse público em cada etapa desse processo. Todos os procedimentos da administração pública devem ser exaustivamente testados e aferidos, com a finalidade de resguardar a segurança dos dados, a eficácia, a qualidade e a transparência.

Em outas palavras, temos hoje um Governo Eletrônico, onde todas as etapas de governança, fatalmente passarão por algum dispositivo eletrônico, seja na concepção, seja na administração ou seja na fiscalização.

De posse de todo esse aparato em mãos, é possível vislumbrar que haja celeridade na solução de conflitos e implementações de políticas públicas para servir ao cidadão com maior eficácia. Consideramos então uma transformação na forma de governar, passando do governo manual e do governo eletrônico, para um governo de performance (p-gov – JUNIOR, José Luiz de Moura Faleiros - 2020).

Esse deve ser o objetivo de um governo eletrônico e digital, buscar a melhor performance na forma de governar, respeitando os limites impostos pelos princípios de liberdade e privacidade, com transparência e eficácia.

Nessa parte introdutória, percebemos que a digitalização dos serviços públicos tem um objetivo direto, melhorar os processos administrativos e garantir a celeridade e a qualidade. Porém, juntamente com as inovações propostas, surgem novos desafios, e para superar esses desafios, é necessário capacitação e mudança de cultura.

Esse é o ponto focal dessa pesquisa, alcançar maior noção do grau de cultura existente, ou não, na administração pública no Brasil

.

Capítulo 2

Legislação

A legislação concernente à privacidade e proteção de dados existente nos dias atuais no Brasil, certamente alcançou destaque significativo. Tivemos avanços importantes na regulamentação das novas formas de nos relacionarmos em ambientes digitais e virtuais. A lei mais esperada seria a que regulamenta o tratamento de dados pessoais, a LGPD – Lei 13.709/2018.

> Art. 1º - Esta Lei dispõe sobre o tratamento de dados pessoais, inclusive nos meios digitais, por pessoa natural ou por pessoa jurídica de direito público ou privado, com o objetivo de proteger os direitos fundamentais de liberdade e de privacidade e o livre desenvolvimento da personalidade da pessoa natural.

Ainda relacionado à governança em ambientes virtuais e/ou digitais, podemos destacar ainda a promulgação das leis: LAI - Lei de Acesso à Informação, Lei Nº 12.527, de 18 de novembro de 2011; Decreto 9.203/2017, que dispõe sobre a política de governança da administração pública federal direta, autárquica e fundacional e que propõe diversas implementações de Governança na alta administração pública, e o Marco Civil da Internet no Brasil, Lei 12.965, de 23/4/2014.

A Constituição Federal de 1988, prevê o acesso à internet como um Direito fundamental, bem como a Privacidade e Proteção de Dados, vejamos: art. 5°, inciso XIV, da Constituição Federal – "é assegurado a todos o acesso à informação e resguardado o sigilo da fonte, quando necessário ao exercício profissional"; portanto, entendendo que a internet hoje é o maior meio de comunicação e de informação, compreende-se que ela está inserida como um direito fundamental.

Recentemente, em sessão no Congresso Nacional foi promulgada a Emenda Constitucional 115 (EC 115), que incluiu a proteção de dados pessoais na categoria de direitos e garantias fundamentais constantes do artigo 5º da Constituição Federal de 1988.

Claramente percebemos que o cuidado para resguardar as garantias de proteção de dados, são cada dia mais abrangentes. Não poderia ser diferente, diante do significativo aumento do acesso à internet pelos cidadãos brasileiros, conforme demonstrado na pesquisa do IBGE entre os anos de 2016 e 2019, que tivemos um aumento de aproximadamente 10 milhões de domicílios com acesso à internet. Fonte: https://painel.ibge.gov.br/pnadc/

Capítulo 3

Transparência na Administração Pública

Há pouco tempo, quando se falava em administração pública, a regra era haver o sigilo, e que a transparência, via de regra, seria uma exceção. Porém com o avanço dos acessos às novas tecnologias da informação, criou-se uma nova cultura, a chamada "cultura de acesso".

Essa cultura nos traz uma nova percepção de que a informação baseada em dados públicos, é pertencente ao cidadão. Dessa forma, os entes públicos devem dar maior transparência possível a esses dados, concedendo acesso às informações públicas e garantindo os limites de privacidade dos dados sensíveis dos cidadãos.

O que se espera quando se fala em transparência na administração pública, é que tudo aquilo que é do interesse público, deve ser demonstrado e disponibilizado com transparência e objetividade. Isso não quer dizer, em nenhuma hipótese, que os entes públicos não devem observar os limites de privacidade impostos por determinação legal, previstos na Lei Geral de Proteção de Dados- LGPD.

Diante do avanço das novas tecnologias, é inevitável que as transformações digitais ocorram em todos os aspectos, inclusive na administração pública. A grande dificuldade é tratar de forma igualitária, o poder estatal e os direitos do cidadão.

Nesse contexto, explica Viviane Maldonado Gama, Lei Geral de Proteção de Dados Comentada, p. 275 – 276;

> A relação jurídica estabelecida entre o Poder Público e o indivíduo titular de dados pessoais é marcada pela assimetria de poder, seja em decorrência da natureza jurídica do ente estatal que atua com poder de império, dotado de poderes para a consecução de seus deveres, como pela circunstância objetiva de que o ente estatal detém grande quantidade de dados pessoais em seus bancos de dados, como insumo ou subproduto do desempenho de sua atividade... Nessa hipótese, a defesa do titular dos dados de forma individualizada se ressente da inegável disparidade de meios e recursos entre os contendores. O reconhecimento dessa realidade resultou na previsão pela LGPD de normas de dirigismo que, submetendo o Poder Público aos seus ditames, potencializa o caráter de transparência no tratamento de dados, tornando suas hipóteses excepcionais.

Além dos aspectos assimétricos observados na problemática em estudo, observa-se uma dúvida recorrente a respeito da publicidade e da transparência, como princípios da administração pública, é de que se tratam de sinônimos. Porém a semelhança não é sinal de igualdade, melhor interpretados os termos, transparência seria um pressuposto ao princípio da publicidade. Podemos então dizer que a publicidade é tonar um ato público, ou fazê-lo em público, e a transparência, seria demonstrar como esse ato foi praticado, com clareza e objetividade. (MOTTA, Fabrício; 2020). O princípio constitucional da publicidade administrativa, cit., p. 271.

Ainda sobre a transparência na administração pública, desde 16 de maio de 2012 entrou em vigor a LAI - Lei de Acesso à Informação, Lei Nº 12.527, de 18 de novembro de 2011, que obriga os entes públicos a darem transparência aos seus atos. Obviamente, houve um avanço no que diz respeito à transparência dos atos praticados na esfera pública e consequentemente, passou-se a dar ao cidadão a impressão de que podem fiscalizar a qualquer momento, em meios físicos ou digitais, todos os atos praticados pelos "Agentes Públicos".

> Lei 12.527/2011 - Art. 1º - Esta Lei dispõe sobre os procedimentos a serem observados pela União, Estados, Distrito Federal e Municípios, com o fim de garantir o acesso a informações previsto no inciso XXXIII do art. 5º no inciso II do § 3º do art. 37 e no § 2º do art. 216 da Constituição Federal.

> Parágrafo único. Subordinam-se ao regime desta Lei:
>
> I - os órgãos públicos integrantes da administração direta dos Poderes Executivo, Legislativo, incluindo as Cortes de Contas, e Judiciário e do Ministério Público;
>
> II - as autarquias, as fundações públicas, as empresas públicas, as sociedades de economia mista e demais entidades controladas direta ou indiretamente pela União, Estados, Distrito Federal e Municípios.

Com a entrada em vigor da Lei 13.709/2018 - LGPD – Lei Gral de Proteção de Dados, é necessário analisar com muito critério, quais são os limites de divulgação dos atos praticados pelos Agentes Públicos, bem como quais os tipos de dados são estritamente necessários e quais devem ser resguardados, para que não haja violação de privacidade, sob a ótica do *Compliance* em Privacidade e Proteção de Dados, previstos na Lei 13.709/2018 – LGPD - Lei Geral de Proteção de Dados.

Quando observamos e comparamos a Lei de Acesso à Informação e a Lei Geral de Proteção de Dados, nos faz parecer que estamos diante de um paradoxo legislativo. Porém, é preciso observar que existem limites impostos por ambas as Leis, que garantem a integridade e a privacidade de dados dos cidadãos. A questão a ser discutida, vai além dos limites da privacidade, é necessário analisar de qual forma é feita a gestão e tratamento dos dados dos cidadãos pelo Estado.

Bourdieu, Pierre: a teoria na prática (1996, p. 105) afirma que "o Estado concentra a informação, que analisa e redistribui. Realiza, sobretudo, uma unificação teórica. Situando-se do ponto de vista do Todo, da sociedade em ser conjunto, ele é o responsável por todas as operações de totalização".

A transparência na administração pública deve ser uma prática contínua e ininterrupta, e por isso, é necessário analisar detalhadamente quais critérios podem e devem ser utilizados para não entrar em conflito com a Lei 13.709/2018 – LGPD - Lei Geral de Proteção de Dados, quando se diz respeito aos direitos fundamentais constitucionais de liberdade e privacidade de todos os cidadãos brasileiros. O Professor José Luiz de Moura Faleiros Junior, em sua obra, Administração Pública Digital explica, p. 264:

> As Tecnologias de Informação e Comunicação, as TICs, permitem compartilhar conhecimentos sobe o processo político e sobre procedimentos administrativos com os cidadãos. Informações cada vez mais rápidas, maior transparência na tomada de decisões e, acima de tudo, procedimentos mais interativos significam simplesmente mais democracia a partir da governança, mais espaço para a sociedade civil. Esses elementos contribuem para a legitimação do poder e para o aumento da participação popular. Portanto, a sociedade da informação pode ser – normativamente – ca-

racterizada por governança digital, "governo eletrônico" e democracia interativa. É desnecessário acrescentar, no entanto, que a prática atual está muito longe do ideal desejável (a distância dela difere muito e depende de muitos fatores e circunstâncias). Os princípios de boa governança, como abertura, participação, confiabilidade, eficiência, consistência, demandam uma política de informação apropriada.

Nesse contexto, é preciso cuidado ao analisar a governança na administração pública digital, sob a régua da transparência e dos princípios e fundamentos da Privacidade e Proteção de Dados.

Antes de aprofundar no foco principal da pesquisa, é necessário dar clareza aos princípios fundamentais de Privacidade e Proteção de Dados Pessoais e aos Princípios da Administração Pública.

Capítulo 4

Conceitos de privacidade e proteção de dados

Há de se diferenciar a privacidade de dados e a segurança dos dados. Situação que hodiernamente é confundida entre leigos.

Podemos considerar que os dados estão solidamente protegidos quando eles são criptografados, o acesso a eles é restrito e vários sistemas de monitoramento sobrepostos estão em vigor. Em todos os sentidos significativos da palavra, os dados estão seguros.

No entanto, se esses dados foram coletados sem o devido consentimento, sem a informação clara para qual finalidade esse dado será utilizado, objetivamente isso é uma violação da privacidade de dados e distinto da segurança real que se busca, em torno dos dados.

A privacidade de dados gira em torno de garantir que esses dados sejam usados da maneira correta, para a finalidade informada e pelo prazo adequado.

A Garantia da integridade dos dados, preceitua o que chamamos de conformidade, preceito este, que deve ser primado pela administração pública em todos os sentidos.

Capítulo 5

Administração Pública Digital

O artigo 3º do Decreto nº 9.203/2017, traz alguns dos princípios das políticas de integridade, são eles: capacidade de resposta; integridade; confiabilidade; melhoria regulatória, prestação de contas e responsabilidade; transparência.

Não há como deixar de lembrarmos do *Compliance*, quando falamos de políticas de integridade. Nesse ponto, a análise sempre deve ter como princípio norteador, a conformidade normativa e administrativa.

O *Compliance* nesse caso, seria a base de avaliação de conformidade da administração pública em relação às normas impostas, por forças das obrigações legais que direcionam ao controle de violações de princípios e fundamentos da administração pública, administradores públicos, agentes públicos, servidores públicos, promovendo uma cultura ética na gestão pública como um todo. JUNIOR, José Luiz de Moura Faleiros (2020) – p. 92.

É inegável os diversos avanços tecnológicos que houveram nos últimos anos, especificamente nos últimos 5 anos. Diante de tais avanços, não podemos mais imaginar uma administração pública, que não seja digital. Todos nós temos acesso a informações instantaneamente sobre qualquer assunto, e em relação aos dados públicos, também não deve ser diferente.

Aparentemente enxergamos esses avanços como ferramentas de aprimoramento administrativo, mas existem diversos riscos que envolvem essas relações e que podem violar vários direitos dos cidadãos, por isso, devem ser analisados criteriosamente, com a finalidade de resguardar os direitos que já estão previstos e aqueles que por ventura ainda não estão resguardados juridicamente.

Diante dessa análise, podemos entender melhor a complexidade do assunto utilizando dos estudos da Viviane Maldonado Gama:

> O tratamento de dados pessoais é um aspecto da execução das políticas públicas que mereceu da LGPD regulamentação específica decorrente do reconhecimento de que a massificação das relações travadas entre o Estado e os cidadãos, marcada pela voracidade na coleta de dados, tratados de forma não padronizada e, tampouco, transparente, redunda no risco de o Estado violar direitos e garantias fundamentais do titular.

Não há óbice à legitimidade do Estado no que tange à coleta e tratamento de dados pessoais dos cidadãos, mas a observância das normas que regulamentam a forma que serão feitas essas coletas e o tratamento desses dados, é obrigatória e regulamentada por leis específicas, tais como a LGPD e a LAI. A transparência não poder abrir espaço para ilegalidades, muito menos a justificativa de execução de políticas públicas genéricas, poderá ser usada como base legal para coletar e compartilhar irrestritamente dados, sem a devida observância dos preceitos legais que evolvem estes processos.

Capítulo 6

Administração Pública Digital

Desde a implantação da plataforma GOV.BR, uma enorme renovação cadastral foi iniciada para alimentar as informações necessárias para seu funcionamento. Com essa perspectiva, e com a entrada em vigor da Lei Geral de Proteção de Dados, diversas dúvidas surgiram sobre como e quais dados seriam usados pelo governo e quais os limites de compartilhamento desses dados.

A quantidade de dados existente na plataforma GOV.BR é imensa, praticamente todos os dados dos cidadãos brasileiros estão centralizados nessa base de dados. Todos esses dados devem ser tratados de acordo com os princípios e fundamentos da Lei Geral de Proteção de Dados.

Acompanhe a evolução de coleta de dados pelo GOV.BR, desde sua disponibilização no quadro abaixo:

Lançamento **AGOSTO 2019**	Usuários antes do lançamento **2 MILHÕES**	Plataformas integradas em 04/2021 **194**

Quadro 1 – Fonte: https://www.gov.br

[Os usuários previstos antes do lançamento se referem à quantidade de usuários que acessavam os serviços do governo de forma digital, em outras plataformas].

Os dados devem ter uma finalidade específica e não podem ser compartilhados de forma incorreta, sem que o titular tenha conhecimento da finalidade desse compartilhamento. Em todos os casos, a base legal deve ser informada e identificada.

A Autoridade Nacional de Proteção de Dados, ANPD, lançou recentemente um Guia Orientativo para tratamento de dados pela administração pública.

Nesse guia orientativo, além de fortalecer a cultura de proteção de dados pessoais, o que se busca é encontrar técnicas objetivas, oferecendo segurança jurídica aos processos administrativos envolvendo dados pessoais realizados pelos órgãos públicos. É necessário dar segurança e eficácia à execução de políticas públicas e à prestação de serviços públicos, respeitando os direitos à proteção de dados pessoais e à privacidade.

Os objetivos determinados nesse Planejamento Estratégico que consta do Guia Orientativo, vislumbram resultados a curto prazo, o que não se observa na prática. Vejamos abaixo o planejamento estratégico que consta nesse Guia Orientativo da ANPD.

Ação	**Responsável**	**Horizonte temporal**
Detectar infrações à LGPD	Coordenação-geral de fiscalização	Médio prazo – até 2 anos
Promover eventos de capacitação e oficinas sobre tema de Proteção de Dados Pessoais	Coordenação-geral de relações institucionais	Curto prazo – até 12 meses
Promover o diálogo com entidades governamentais e não-governamentais, incluindo organismos internacionais e outras autoridades de Proteção de Dados Pessoais	Coordenação-geral de relações institucionais	Curto prazo – até 12 meses

Elaborar Guias e recomendações sobre Proteção de Dados	Coordenação-geral de normatização e Coordenação-geral de pesquisa e tecnologia	Médio prazo – até 2 anos

Tabela 1 - Fonte: Guia Orientativo - ANPD

Diante de uma análise rápida, observa-se que pouco se avançou no sentido proposto nessa tabela do Guia Orientativo da ANPD. O calendário para essas proposições é até 2023, ou seja, o tempo restante é pouco mais de um ano, para cumprir um calendário básico de proposições de aculturamento dos órgãos públicos em proteção de dados.

Existe, porém, situações em que a administração pública poderá deixar de seguir as determinações da LGPD, vejamos:

> Lei 13.709/2018 - Artigo 7º, II - pela administração pública, para o tratamento e uso compartilhado de dados necessários à execução de políticas públicas previstas em leis e regulamentos ou respaldadas em contratos, convênios ou instrumentos congêneres, observadas as disposições do Capítulo IV desta Lei;
>
> Capítulo IV – Art. 23. O tratamento de dados pessoais pelas pessoas jurídicas de direito público referidas no parágrafo único do art. 1º da Lei nº 12.527, de 18 de novembro de 2011 (Lei de Acesso à Informação), deverá ser realizado para o atendimento de sua finalidade pú-

blica, na persecução do interesse público, com o objetivo de executar as competências legais ou cumprir as atribuições legais do serviço público, desde que:

> I - sejam informadas as hipóteses em que, no exercício de suas competências, realizam o tratamento de dados pessoais, fornecendo informações claras e atualizadas sobre a previsão legal, a finalidade, os procedimentos e as práticas utilizadas para a execução dessas atividades, em veículos de fácil acesso, preferencialmente em seus sítios eletrônicos;

Mas será que a administração pública federal, que serve de base para as demais instâncias, está seguindo as determinações da LGPD e demais legislações que regulam a Privacidade e Proteção de Dados no Brasil?

Como sugestão de análise, temos uma reportagem do site The Intercept, que denuncia o uso inadequado de dados de um novo sistema, o Córtex, que está sendo implementado no Brasil, e que a princípio, seria para fins de segurança pública. Vejamos parte dessa reportagem:

> "Sem alarde, o Ministério da Justiça está expandindo uma das maiores ferramentas de vigilância e controle de que se tem notícia no Brasil. Trata-se do Córtex, uma tecnologia de inteligência artificial que usa a leitura de placas de veículos por milhares de câmeras viárias espalhadas por rodovias, pontes, túneis, ruas e avenidas país afora para rastrear alvos móveis em tempo real.
>
> O Córtex também possui acesso em poucos segundos a diversos bancos de dados com informações sigilosas e

sensíveis de cidadãos e empresas, como a Rais, a Relação Anual de Informações Sociais, do Ministério da Economia. A poucos cliques, oficiais podem ter acesso a dados cadastrais e trabalhistas que todas as empresas têm sobre seus funcionários, incluindo RG, CPF, endereço, dependentes, salário e cargo.

Em tese, é uma ferramenta poderosa de combate ao crime. Na prática, o sistema pode ser usado para monitoramento e vigilância de cidadãos, organizações da sociedade civil, movimentos sociais, lideranças políticas e manifestantes, em uma escala sem precedentes.

O Ministério da Justiça, oficialmente, nega que o sistema seja integrado à base de dados do Ministério da Economia. Mas não é o que mostra um vídeo enviado ao Intercept por uma fonte anônima."

Acesse o vídeo da reportagem no QR Code abaixo:

Fonte: The Intercept Brasil – link do vídeo: https://youtu.be/a6ygkox3uOY

Quando se depara em situações como essa, vem a pergunta: será que os servidores da administração pública, possuem cultura em Privacidade e Proteção de dados suficiente para tratar a base de dados dessas plataformas que armazenam os dados de todos nós brasileiros?

Obviamente, a implantação de sistemas de combate à criminalidade e de políticas públicas, devem ser feitos. Porém, antes das implementações e operacionalizações, é necessário capacitação específica e criar mecanismo de controle interno e externo para que não haja nenhuma violação dos direitos previstos nos diplomas legais cabíveis.

Hoje em dia, seria impossível pensar em administração pública, sem a implementação de sistemas e mecanismos de gestão digitais e tecnológicos, desde que respeitados os limites e finalidades de cada um desses sistemas e ferramentas.

Capítulo 7

Níveis de cultura em privacidade e proteção de dados

Não há como negar que vivemos na era da informação, os dados pessoais estão espalhados tanto em sistemas privados, como em sistemas da administração pública. Porém, não se admite tolerância além dos limites definidos nos princípios que regem a privacidade e proteção de dados. Os dados pessoais de uma pessoa, são únicos e invioláveis, salvo no estrito cumprimento de determinação legal. Por isso, é necessário analisar criteriosamente, como devem ser observados esses princípios quando se trata de divulgação e compartilhamento de dados pessoais pelos agentes públicos.

Quando se diz respeito a violação de privacidade, seja por imaturidade ou seja pela falta de cultura, se está diante não somente de uma violação dos dispositivos previstos na Lei 13.709/2018 – LGPD - Lei Geral de Proteção de Dados, mas também da violação de direitos fundamentais, previstos na Constituição Federal Brasileira de 1988.

> CF/88 Art. 5º inc. X - são invioláveis a intimidade, a vida privada, a honra e a imagem das pessoas, assegurado o direito a indenização pelo dano material ou moral decorrente de sua violação;

Desde as primeiras proposições regulamentares de privacidade no Brasil, pouco se fala nos limites impostos ao Estado, fato gerador de uma enorme insegurança jurídica e vulnerabilidade do cidadão frente ao poder de controle estatal.

Por outro lado, é cediço que não haveria como fazer uma administração pública digital, sem a coleta e o tratamento de dados dos cidadãos. O que se persegue com esse entendimento, são os limites e a finalidade em que os dados são coletados e tratados.

As finalidades devem estar explicitamente previstas e acessíveis a todos os cidadãos e titulares de dados. Inadmissível seria outra tratativa, sob pena de ser considerado uma violação de direitos previstos no ordenamento jurídico brasileiro. GAMA, Viviane Maldonado, p. 283

Desde a promulgação da Lei Geral de Proteção de Dados – LGPD, que obriga os órgãos públicos a se deterem nas obrigações previstas na referida Lei, não foram observados avanços significativos para o aculturamento dos servidores da administração pública.

A ANPD, Agência que fiscaliza e normatiza a LGPD, emitiu alguns Guias Orientativos com a finalidade de orientar os entes públicos a se adequarem às exigências da LGPD. Porém, facilmente observamos que essa cultura não é cobrada dos servidores, senão vejamos o exemplo acima, onde um servidor público, está auferindo ganhos acima do seu salário regulamentar, para dar treinamento a usuários do Sistema Córtex, com práticas abusivas, extrapolando os limites da finalidade e claramente praticando violação de políticas de proteção e privacidade de dados.

A maior crítica que se faz em relação à cultura de privacidade e proteção de dados na administração pública no brasil, é em relação à prevenção. Vejamos: em nenhum país do mundo, existe uma plataforma que concentra a quantidade de dados que é concentrada em algumas plataformas do governo federal brasileiro.

É o caso da plataforma GOV.BR que detém dados concentrados de praticamente todos os cidadãos brasileiros, aumentando drasticamente a vulnerabilidade e a possibilidade de incidentes, envolvendo dados de todos os cidadãos brasileiros, podendo até, entrar em colapso, todos os sistemas de informação ligados à essa plataforma, em casos extremos de sequestros e invasões de hackers.

É importante ressaltar ainda, que há previsibilidade de punições aos servidores públicos que, após apurados em processo interno, estejam infringindo dispositivos da LGPD. Essa previsão está prevista no art. 28 do Decreto Lei n° 4.657, de 4 de setembro de 1942 (Lei de Introdução às normas do Direito Brasileiro).

Em termos de evolução cultural e de adequação às normas globais de privacidade e proteção de dados, ainda há muito que avançarmos, quando nos comparamos à outros países dos quais podemos analisar no quadro abaixo:

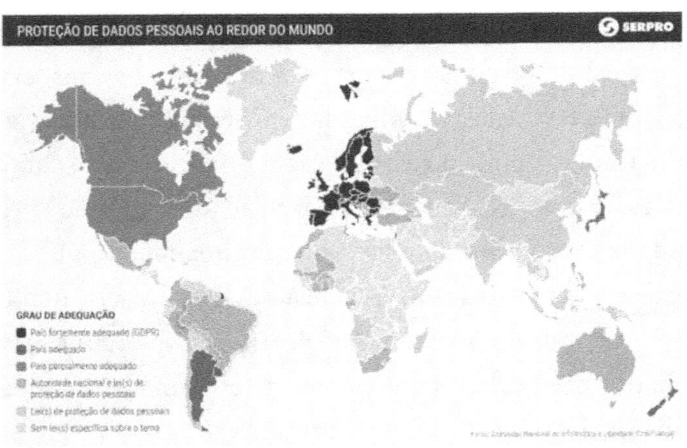

Quadro 3 – Fonte: SERPRO - https://www.serpro.gov.br/lgpd/menu/a-lgpd/mapa-da-protecao-de-dados-pessoais

Vejamos, em relação à Europa, estamos muito aquém do desejável, em relação aos Estados Unidos, avançamos com proximidade e em relação à América Latina, ainda estamos atrás da Argentina quando falamos em cultura e adequação às normas e requisitos gerais de privacidade e proteção de dados.

Esses são dados do órgão regulador de dados do governo brasileiro, SERPRO.

Ainda avaliando os níveis de adequação do Brasil em relação à privacidade, podemos destacar que pouco se fez no sentido de capacitação e treinamento dos servidores públicos para que possam fazer tratamento de dados dos cidadãos.

Desde a promulgação da LGPD, além de audiências públicas virtuais, com vistas a discutir parâmetros de viabilidade e regulamentação técnica de implantações de programas de privacidade nos órgãos públicos, a ANPD lançou ao longo desses dois anos de vigência da Lei, apenas 1(um) Guia Orientativo para a Administração Pública e a Agenda Regulatória que foi proposta para 2021-2022, ainda não saiu da fase 1, conforme demostra o site da ANPD.

Apenas em abril de 2022 foram instituídos grupos de trabalhos do Conselho Nacional de Proteção de Dados Pessoais e da Privacidade, o CNPD.

Percebemos assim, que o avanço na adequação caminha com lentidão, o que nos leva a ter uma sensação de enorme insegurança jurídica, quando pensamos em tratamento de dados pela administração pública no Brasil.

Capítulo 8

Justificativas da Administração Pública

Os gestores públicos têm se valido do que dispõe o inciso III do art. 7º da LGPD estabelece que a "administração pública" pode realizar "o tratamento e uso compartilhado de dados necessários à execução de políticas públicas previstas em leis e regulamentos ou respaldadas em contratos, convênios ou instrumentos congêneres".

Obviamente, qualquer justificativa de tratamento e compartilhamento de dados, usando como base legal e finalidade, a execução de políticas públicas, não pode ser genérica, deve ser baseada em previsões legais.

Porém, existem divergências explícitas quando falamos do uso dessa justificativa para o tratamento e compartilhamento de dados pela administração pública. Como exemplo, podemos citar os agentes públicos que não executam políticas públicas especificamente, mas atribuições funcionais, porém fazem o uso e o compartilhamento de dados, como o poder judiciário e o poder legislativo.

Observa-se então, que não basta justificar o tratamento e compartilhamento de dados baseado na execução de políticas públicas, mesmo aquelas previstas em lei, mas também deve estar amparado, necessariamente à uma base legal legítima e informada.

Capítulo 9

Conclusão

A conclusão que se tem é que em tempos hodiernos, a evolução tecnológica e os desafios da transformação digital na administração pública, traz inúmeras inovações em nosso cotidiano. Principalmente porque vivemos estagnados nos mesmos processos administrativos por décadas, até que, com a chegada da internet, começamos a ter mudanças significativas na forma de tratar nossa privacidade e nossos diretos à proteção de dados. Por isso, as análises científicas são necessárias para resguardar a segurança jurídica em todos os tipos de relações disponíveis em ambientes virtuais. Analisa-se nessa pesquisa, o nível de "Cultura de Governança Digital na Administração Pública e a Privacidade e Proteção de Dados", para efetivação e positivação da LGPD – Lei 13.709/2018 - Lei Geral de Proteção de Dados, e, garantir a preservação da privacidade e da proteção de dados. Esse estudo é muito importante para avaliarmos os níveis de aculturamento no âmbito da Administração Pública.

No momento em que o avanço tecnológico é instantâneo, a necessidade de avaliação e atualização constante de cultura e de reorganização administrativa, é premente. Toda a estrutura da cadeia de informação da Administração Pública Federal, e dos demais órgãos públicos, devem ser aprimorados no sentido de resguardar o Direito Fundamental de Privacidade e Proteção de Dados.

Não por acaso, temos diversos profissionais, servidores públicos e demais colaboradores consultivos, debruçados aos estudos das novas tecnologias, buscando aprimorar seu conhecimento e adaptar-se às novas tecnologias disponíveis, tanto para dar celeridade nos processos administrativos, quanto na eficácia dos serviços prestados.

Diversos estudos estão sendo desenvolvidos, voltados para a criação e implantação de novos conceitos e tecnologias visando o aprimoramento da gestão pública. Exemplo dessas implantações, é a aplicação da Inteligência Artificial para coleta e tratamento de dados para fins judiciais e de segurança pública.

É claramente observado, que precisamos avançar muito rapidamente para conter as dificuldades que se apresentam diante dessa transformação digital. Por vezes, somos surpreendidos com notícias de incidentes de vazamento de dados em órgãos públicos.

Nesse sentido, é necessário que tenhamos equipes multidisciplinares em constante debate, buscando mecanismos de defesa contra criminosos virtuais, que fazem o uso inadequado da internet, para cometer inúmeros crimes cibernéticos, utilizando-se da fragilidade dos sistemas disponíveis e da falta de cultura e capacitação dos servidores públicos que operam esses sistemas e plataformas digitais.

A digitalização de todos os processos da administração pública é inevitável, por isso a "cultura" e "capacitação" dos servidores públicos, e também da alta gestão, deve ser o alvo dos gestores e estudiosos, no sentido de resguardar e proteger os dados de todos os cidadãos e de dar maior transparência e agilidade no serviço e administração pública.

A evolução tecnológica deverá sempre caminhar de mãos dadas com a legalidade e a proteção dos dados.

Referências

BLUM, Renato Opice; MALDONADO, Viviane Nóbrega (coords.) **Lei Geral de Proteção de Dados Comentada** [livro eletrônico]. 2. ed. São Paulo: Thomson Reuters Brasil, 2020.

BRASIL. Constituição da República Federativa do Brasil. Brasília: Senado Federal, 1988.

FALEIROS JÚNIOR, José Luiz de Moura. **Administração Pública Digital**. Indaiatuba: Foco, 2020.

MOURA, Cid Capobiango Soares de; BARROS, Juliana Capobiango de Vasconcelos de. Como a LGPD se aplica à Administração Pública? **CONJUR**. Disponível em: https://www.conjur.com.br/2021-out-04/opiniao-lgpd-aplica-administracao-publica Acesso em 13 mar. 2022.

PINHEIRO, Patrícia Peck. **Proteção de Dados Pessoais** – Comentários à Lei 13.709/2018. São Paulo: Saraiva Jur, 2018.

REBELLO, Aiuri. Da placa do carro ao CPF. Conheça o Córtex, sistema de vigilância do governo de placa de carro a dados de emprego. **The intercept Brasil.** Disponível em https://theintercept.com/2020/09/21/governo-vigilancia-cortex/ (acesso em 29 mai. 2022).

UTOPIA. **Data Privacy vs Data Protection Whats The Difference.**. Disponível em: https://utopia.fans/security/data-privacy-vs-data-protection-whats-the-difference/ (acesso em 25 mai. 2022)

Parte II

COMPLIANCE EM DIREITOS HUMANOS: A PROTEÇÃO DOS DADOS PESSOAIS NO SEIO CORPORATIVO FACE À GESTÃO DE RISCOS DIGITAIS E OS TERMOS DE USO E POLÍTICAS DE PRIVACIDADE

Capítulo 1

Introdução

No bojo da sociedade contemporânea, é perceptível cada vez mais que as tecnologias de comunicação e informação (TIC) têm desencadeado impactos positivos e negativos na vida de todas as pessoas, assim como no plano corporativo e/ou institucional. Nesse sentido, tendo em mente que desse fato há a ocorrência de vastos reflexos jurídicos e que o Direito através de suas leis, preceitos e diretrizes tem a função de promover a harmonia de toda comunidade, o Direito Digital tem então a missão de contribuir para a edificação do bem-estar perante o campo virtual, garantindo a proteção dos direitos humanos, em particular, no que tange a privacidade em torno dos dados pessoais.

Assim sendo, em meio as empresas têm surgido a cultura de cumprir os mandamentos exigidos pela legislação de forma preventiva com o intuito de favorecer a responsabilidade social corporativa, melhor dizendo, a fim de evitar lides e/ou multas, como acha-se na Lei Geral de Proteção de Dados e Marco Civil da Internet. Dessa forma, o Compliance evidencia-se como um importante instrumento capaz de estimular a estruturação da cultura preventiva de riscos dentro das empresas, favorecendo o efetivo cumprimento das normas jurídicas ou administrativas.

O compliance, em linhas gerais, pode ser conceituado como "estar de acordo" ou em "conformidade a algo". Por via de regra, muito se assemelha a estar em consonância com a legislação de determinado país, seja os mandamentos constitucionais ou infraconstitucionais. Contudo, tal seara não se liga apenas a perspectiva jurídica, dado que também se associa a esfera ética, por exemplo, a partir da elaboração dos códigos de ética e conduta.

Com efeito, o compliance mostra-se como verdadeiro componente facilitador no ambiente corporativo, visto que por intermédio dele todos os gestores e funcionários, desde os agentes de maior escalão como os de menor remuneração, são estimulados a cumprir o disposto nos códigos, sejam eles externos ou internos. Ademais, de maneira integrada com todos os setores, ou seja, de forma a prosperar a mentalidade de que todos os agentes são responsáveis para o melhor desenvolvimento da empresa a partir do efetivo cumprimento das normas e diretrizes administrativas.

Do mesmo modo, o Compliance pode favorecer a edificação da Governança Corporativa, pois considerando que este programa deverá ter caráter multidisciplinar e sistêmico ele pode ajudar no suporte da alta administração; avaliação de riscos; criação e execução do código de conduta e políticas de compliance; controles internos; treinamento e comunicação; investigações internas; *due diligence*; auditoria e monitoramento. Logo, operará com enfoque voltado para todos os nichos da empresa - e não apenas no que se refere ao seguimento digital, por exemplo.

Por conseguinte, o programa de compliance digital poderá atuar de maneira a proteger os dados pessoais em todo o seio corporativo, visto que o uso indevido dos ativos digitais de pessoas reais é capaz de gerar consequências extremamente prejudiciais, podendo provocar, inclusive, a aplicação de multas pecuniárias ou danos patrimoniais e extrapatrimoniais. Dado que estes têm estrita ligação com a privacidade dos sujeitos, o que é salvaguardado tanto pela legislação internacional, constitucional e infraconstitucional.

Outrossim, com estrita ligação aos termos de uso e políticas de privacidade das empresas. Até porque os dados pessoais, nos tempos atuais, se configuram objetos de valor, isto é, como instrumentos capazes de gerar lucros - sobretudo levando em conta o atual cenário da sociedade capitalista.

Desse modo, compreendendo que o compliance pode estar integralmente inserido em ambientes digitais, procura-se compreender como o programa de compliance digital pode atuar de maneira a proteger os direitos humanos no campo virtual em meio o seio corporativo, em especial os dados pessoais. Para mais, busca-se investigar como tal tutela pode atuar na prevenção de riscos digitais e sua repercussão nos termos de uso e políticas de privacidade por meio da interrelação com a ética e governança corporativa, pois os riscos presentes nessa seara podem ser repassados pelas empresas aos titulares dos dados. Ademais, mensurar como tal programa pode atuar no respeito aos direitos humanos e, por consequência, na prevenção de danos, sejam eles patrimoniais ou extrapatrimoniais.

A metodologia do presente estudo será estruturada, quanto à sua natureza, por meio de uma pesquisa aplicada que visa superar a problemática em torno de entender como o programa de compliance digital pode atuar na proteção dos direitos humanos no campo virtual, a partir do marco temporal da sociedade da informação.

A abordagem utilizada será a qualitativa, em particular para analisar os aspectos de congruência entre a ética, governança e compliance; e terá como método o indutivo, a fim de examinar premissas específicas e assim obter entendimentos amplos e efetivos, em especial, os riscos derivados do uso dos dados pessoais digitais pelas empresas.

À vista disso, terá como objetivo o cunho exploratório, facilitando a compreensão da problemática em análise a partir pesquisas bibliográficas, ou seja, visando examinar a pauta em foco com base em dados iniciais pré-determinados, refletindo sobre os questionamentos encontrados e assim almejando obter conclusões sobre o tema investigado, principalmente, em torno de alternativas de como instigar a proteção dos dados pessoais no seio tecnológico e facilitar a gestão de riscos digitais no seio corporativo, bem como verificando se há relação ou não entre o compliance digital e os termos de uso e políticas de privacidade.

No que se refere aos seus procedimentos, a presente pesquisa tem como método de pesquisa o caráter de revisão bibliográfica, a partir de referências teóricas publicadas em meios físicos e eletrônicos, como livros, artigos científicos, revistas e sites; e o funcionalista, destacando as relações e o alinhamento entre os mais variados elementos de uma sociedade e cultura.

Para mais, a presente revisão de literatura foi estruturada em um reexame narrativo, objetivando tratar a temática em questão de forma panorâmica e interdisciplinar, com o intuito de trazer uma revisão atualizada do assunto.

A técnica de pesquisa utilizada foi a análise documental de leis, como por exemplo, a Constituição Federal de 1988, o Marco Civil da Internet e a Lei Geral de Proteção de Dados, além de pesquisa bibliográfica de livros, artigos e conteúdo de páginas da internet.

Capítulo 2

Compliance em direitos humanos: conceituação e perspectivas gerais

O princípio da função social da empresa pode ser entendido como o que estrutura toda atividade econômica no Brasil, dado que além de objetivar lucros o seio corporativo tem deveres a serem cumpridos a fim de reverter ações em prol da sociedade, seja no que toca, por exemplo, a pauta de buscar desenvolvimento sustentável e com respeito aos direitos humanos, ou então, no que tange ao zelo perante o plano interno relativo aos gestores e funcionários.

Dessa maneira, percebe-se que a liberdade de iniciativa empresarial é mitigada, o que torna necessário a indispensabilidade de cautela ao se buscar mecanismos que possam contribuir com desenvolvimento da empresa, ainda mais considerando eventuais casos de excessos que possam resultar em responsabilidade material, extrapatrimonial e até mesmo criminal.

A prática empresarial, então, deve ser edificada de acordo com os valores éticos, os bons costumes e, consequentemente, as normas – sejam elas jurídicas ou administrativas. Nesse sentido, insere-se o *compliance*. Pois, a partir de seus preceitos e diretrizes ele pode atuar junto ao seio corporativo com o intuito de favorecer o desenvolvimento da autonomia empresarial em consonância com as legislações, bem como os códigos internos de condutas, de modo a atuar na prevenção de riscos e favorecer a construção de um ambiente organizacional aprazível.

O termo *compliance*, como se pode ver a partir da sua própria construção silábica, tem origem estrangeira, ou seja, proveniente da língua inglesa, e derivado do verbo "*to comply*", que quer dizer "estar em conformidade" ou "agir conforme uma regra". Sua conceituação já indica bastante sobre sua definição, visto que tal instituto tem o escopo de favorecer o desenvolvimento de determinado nicho a partir do respeito e implementação das regras e diretrizes dispostas nas mais variadas legislações e programas internos de boa governança (MALUF; GARCIA, 2021, p. 3).

De acordo Maluf e Garcia (2021, p. 3) o compliance teve seu surgimento nos Estados Unidos da América em 1950 com a Lei "Prudential Securities", porém só teve sua regulação com a promulgação da "Securities and Exchange Commission" (SEC), em 1960. Entretanto, ganhou maior pertinência com a "Foreign Corrupt Practices Act" (FCPA), em 1977, quando tal lei passou a reger sobre o combate a corrupção de funcionários públicos estrangeiros, por meio de sanções cíveis e criminais.

Outrossim, no Reino Unido, o compliance teve sua pauta disposta com a promulgação da Lei Antissuborno, intitulada de "Serious Fraud Office" (SFO). A supramencionada legislação além de definir a responsabilidade objetiva da corporação ligada à corrupção criou a possibilidade de aplicação de multas conforme o caso concreto, e, também, definiu que a empresa poderia ter suas penalidades diminuídas desde que tivesse implementado canais de denúncias no combate à corrupção, ou seja, mecanismos de compliance (MALUF; GARCIA, 2021, p. 3).

Em contrapartida, o ordenamento jurídico brasileiro só foi tratar da pauta de compliance, propriamente dito, com a Lei nº 12.846, de 1º de agosto de 2013, a qual dispõe sobre a responsabilização administrativa e civil de pessoas jurídicas pela prática de atos contra a administração pública, nacional ou estrangeira. Anteriormente, em 1998, houve breve similaridade do tema com a Lei nº 9.613 ao tratar sobre o Crime de Lavagem de Capitais, porém de maneira bem despretensiosa, isto em comparação com a Lei nº 12.846/2013.

Contudo, só com a promulgação do Decreto 8.420 de 2015 que compliance passou a ser tratado com maior especificidade no país, visto que tal diploma legal buscou regulamentar a Lei nº 12.846/2013, melhor dizendo, tal decreto ganhou evidência por regulamentar a responsabilização objetiva administrativa de pessoas jurídicas pela prática de atos contra a administração pública, nacional ou estrangeira. Além disso, o compliance adquiriu maior repercussão com a Lei Geral de Proteção de Dados (Lei nº 13.709, de 14 de agosto de 2018), pois consagrou a possibilidade de se ter programas de compliance como forma de proteção dos dados pessoais no ambiente corporativo e trouxe a recomendação de atuar prevenção de riscos, sobretudo relacionado aos conteúdos sensíveis oriundos do seio virtual.

Já no que se refere a conceituação, Maluf e Garcia definem o compliance da seguinte forma:

> (...) *compliance* diz respeito ao conjunto de ações adotadas no ambiente corporativo para estar em conformidade ao ordenamento jurídico pertinente, possibilitando a prevenção infrações ou, no caso de já terem ocorrido, propiciar o retorno ao contexto de normalidade e legalidade (MALUF; GARCIA, 2021, p. 3).

Por outro lado, Silva e Borsatto descrevem que o compliance deve ser compreendido da maneira subsequente:

> *Compliance* é compreendido como o agir de acordo com o estabelecido por lei, regulamentos, protocolos, padrões ou recomendações de determinado setor, códigos de conduta e órgãos regulatórios. É um estado de conformidade desejado perante a lei, regulação ou em virtude de demanda (SILVA; BORSATTO, 2015, p. 291).

Por fim, a Federação Brasileira de Bancos, por meio do "Comitê de Compliance" da Associação Brasileira de Bancos Internacionais (ABBI), através da cartilha intitulada "Função de Compliance", entende o compliance assim:

> Ser *compliance* é conhecer as normas da organização, seguir os procedimentos recomendados, agir em conformidade e sentir quanto é fundamental a ética e a idoneidade em todas as nossas atitudes. Estar em *compliance* é estar em conformidade com leis e regulamentos internos e externos. Ser e estar *compliance* é, acima de tudo, uma obrigação individual de cada colaborador dentro da instituição (FEBRABAN, 2009, p. 6).

Com efeito, o Compliance surge como elemento para facilitar com que todos inseridos na sua ótica, especialmente na perspectiva empresarial, possam cumprir o disposto nos códigos, sejam eles externos ou internos. E isto de maneira integrada com todos os setores, de forma a prosperar a mentalidade de que todos os agentes são responsáveis para o melhor desenvolvimento, por exemplo, de uma empresa, desde os funcionários de maior escalão como os de menor remuneração.

Logo, por meio de criação de códigos de conduta internos (regulamento criado a partir das características e necessidades da empresa), efetivos treinamentos, criação de canais de denúncias para recebimento de relatos de irregularidades, deliberações sobre controles de riscos e constante fiscalização pode-se favorecer a edificação da Governança Corporativa (que não pode ser confundida com o compliance, dado que este caracteriza-se como um dos mecanismos desta última).

Assim sendo, tomar-se-á como entendimento neste estudo que o compliance pode ser definido como "estar de acordo" ou em "conformidade a algo", isto é, em consonância com a legislação de determinado país (mandamentos constitucionais ou infraconstitucionais) ou códigos de ética e conduta internos. Com efeito, estabelecendo uma gestão sustentável e social, como escopo em promover o desenvolvimento social e cultural em que se insere determinado nicho corporativo (FRANCISCHETTO; SIQUEIRA, 2020, p. 321).

Além disso, compreendendo o compliance como agir de acordo com as regras jurídicas ou administrativas de modo a favorecer o bem-estar de todos, evitando conflitos e favorecendo a harmonia social. Prática essa que não se restringe à uma imposição legal, mas conjuntamente como um exercício moral e ético, visando atuar de maneira preventiva (metodologia do autopoliciamento) na qual todas as áreas da empresa estejam exercendo suas atividades em conformidade com as legislações e códigos internos, seja no que se refere ao âmbito trabalhista, ambiental, tributário, criminal ou digital.

Inclusive, nota-se correlação do compliance com a pauta dos direitos humanos. Pois, considerando que os direitos humanos podem ser entendidos como as normas que reconhecem e protegem a dignidade de todos os seres humanos[1], assim como levando em consideração que a dignidade da pessoa humana é o fundamento do Estado Democrático de Direito brasileiro e que o compliance deve ser construído frente as normas pátrias, vê-se que ele pode atuar como um instrumento de proteção dos direitos da sociedade civil. Sobretudo os direitos e deveres oriundos do nicho tecnológico, que guardam relação com a CRFB/88, Lei Geral de Proteção de Dados e Marco Civil da Internet.

1 De acordo com a UNICEF BRASIL os direitos humanos são "normas que reconhecem e protegem a dignidade de todos os seres humanos. Os direitos humanos regem o modo como os seres humanos individualmente vivem em sociedade e entre si, bem como sua relação com o Estado e as obrigações que o Estado tem em relação a eles". Disponível em: https://www.unicef.org/brazil/o-que-sao-direitos-humanos. Acesso em: 07 jun. 2022.

Desse modo, entendendo que há repercussão das tecnologias de comunicação e informação no seio pessoal, corporativo e institucional, assim como levando em consideração que a internet trouxe mudanças significativas, por exemplo, na questão de espaço onde as pessoas não precisam estar mais no mesmo ambiente para interagir, na questão de tempo em que as relações podem se dar a qualquer hora do dia e da noite, e na questão pessoal na qual além da figura do sujeito real origina-se o sujeito virtual que também carece de tutela, e, por fim, tendo em mente que a Emenda Constitucional nº 115 alterou a Constituição Federal de 1988 para incluir a proteção de dados pessoais entre os direitos e garantias fundamentais, mister fazer com que passe a existir nas empresas a cultura de cumprir os mandamentos legislativos de forma preventiva em torno do tratamento dos dados pessoais. Até porque, os dados podem ser usados para obtenção de lucros.

Nesse sentido, o compliance pode estimular a estruturação da cultura preventiva de riscos dentro das empresas, garantindo assim um efetivo cumprimento das normas, sejam elas jurídicas ou administrativas, e favorecer na proteção da privacidade, da segurança da informação, e, por consequência, dos direitos humanos interligados a pauta cibernética.

2.1 Existem padrões jurídicos-normativos de direitos humanos ligados ao *compliance* digital no ordenamento pátrio?

Primeiramente, mister registrar que Noberto Bobbio, na obra "Teoria da Norma Jurídica", indica que vivemos em torno de um mundo de normas, em que acreditamos ser livres, mas na realidade, estamos envoltos em uma rede muito espessa de regras de conduta que, desde o nascimento até a morte, dirigem nesta ou naquela direção as nossas ações (BOBBIO, 2001, p. 23-24). Diante disso, as normas dispostas nos mais variados diplomas legais ajudam no convívio em sociedade, pois, além de delimitarem direitos e deveres, trazem segurança jurídica, visto que as regras positivadas manifestam-se como factuais padrões de justiça, ou seja, como algo a ser buscado pelo Estado e toda comunidade civil.

E a pauta cibernética não foge de tal positivação, até porque, a Resolução do Conselho de Direitos Humanos da ONU determinou que os mesmos direitos que as pessoas têm offline também devem ser protegidos online (VALENTE, 2018). Assim, existem legislações no ordenamento jurídico brasileiro que tratam sobre tal temática. Textos normativos esses que são derivados tanto do plano constitucional como do infraconstitucional, isto é, que versam sobre os valores democráticos, os direitos e deveres na internet, a proteção dos dados pessoais e preceitos e diretrizes do compliance, conforme será abordado a seguir.

2.1.1 - Constituição da República Federativa do Brasil de 1988

Primeiramente, deve-se destacar a Carta Maior de todo ordenamento pátrio: a Constituição da República Federativa do Brasil de 1988 (CRFB/88). O principal ponto a ser mencionado é a respeito da dignidade da pessoa humana, que se funda como o valor supremo do Estado Democrático Brasileiro conforme está disposto no art. 1º, inciso III. De acordo com José Afonso da Silva a dignidade da pessoa humana não é apenas um princípio da ordem jurídica, mas é também da ordem política, social, econômica e cultural (SILVA, 1998, p. 92). Diante disso, o referido fundamento deve ser constantemente o propósito final a ser buscado pela sociedade, em toda sua organização.

Além disso, a CRFB/88 traz dentre seus direitos e deveres individuais e coletivos o direito fundamental a privacidade (art. 5º, inciso X), isto é, a intimidade, a vida privada, a honra e a imagem das pessoas são invioláveis, sendo assegurado o direito a indenização pelo dano material ou moral decorrente de sua violação. Para mais, indica que é assegurado, nos termos da lei, o direito à proteção dos dados pessoais, inclusive nos meios digitais (art. 5º, LXXIX).

Este último direito figurou-se como um importante avanço ao ser enquadrado como direito fundamental, dado que havia muita insegurança jurídica em torno da temática tendo em vista que a interpretação de casos se dava a partir da legislação infraconstitucional, o que foi superado com sua recente positivação em 2022. Assim, nota-se a preocupação do legislador em tratar da temática cibernética, pois a internet não é mais apenas um simples mecanismo informacional, mas sim um espaço de interação social. Contudo, não são só consequências benéficas que o uso da internet possui, pois o uso da internet pode gerar efeitos negativos, por exemplo com violação de direitos de terceiros, como intimidade, honra e vida privada. Por isso, a necessidade de proteção de tais direitos, em especial a partir da Constituição Federal de 1988.

2.1.2 - Lei nº 12.965 de 23 de abril de 2014: Marco Civil da Internet

Com a promulgação da Lei 12.965/2014, comumente conhecida por Marco Civil da Internet (MCI), pela primeira vez no Brasil, positivou-se a respeito dos direitos e deveres na internet. Legislação esta que trouxe inúmeros avanços, em especial no que se refere a defesa da liberdade de expressão, da privacidade e necessidade de neutralidade da rede.

Em seu art. 2º é indicado que o uso da internet deve respeitar sempre a liberdade de expressão, o desenvolvimento da personalidade, o exercício da cidadania em meios digitais, a pluralidade e diversidade, a livre iniciativa, a livre concorrência, a defesa do consumidor e a finalidade social da rede. Dessa forma, almejando que o campo virtual seja um instrumento de promoção da autonomia individual, do bem-estar social e de respeito a democracia e aos direitos humanos.

Já em seu art. 3º menciona-se que uso da internet no Brasil tem, por exemplo, os seguintes princípios: a garantia da liberdade de expressão e manifestação de pensamento; proteção da privacidade; proteção dos dados pessoais; garantia da neutralidade de rede; o estímulo ao uso de boas práticas; e a responsabilização dos agentes de acordo com suas atividades. Entretanto, merece ser destacado que esse rol não é taxativo, uma vez que em seu parágrafo único assinala-se que "os princípios expressos nesta Lei não excluem outros previstos no ordenamento jurídico".

Por outro lado, no art. 7º descreve-se que o acesso à internet é essencial ao exercício da cidadania e que aos usuários são assegurados a inviolabilidade da intimidade da vida privada e do fluxo e armazenamento comunicações (salvo, por ordem judicial); não fornecimento a terceiros de seus dados pessoais, bem como sobre coleta, uso, armazenamento, tratamento e proteção.

Ademais, no que tange a privacidade dos usuários na internet, percebe-se que o MCI consagra regras para que possa impedir o uso desenfreado e imoderado dos dados pessoais, dado que as informações dos usuários passaram a ser o produto mais cobiçado na rede, por exemplo, para uso de marcketing especializado ou em investigações – a fim de se ter "rastros" das pessoas diante da sociedade da informação. Um exemplo dessa proteção está disposto no seu art. 10, pois é indicado que o provedor responsável pela guarda dos dados somente será obrigado a disponibilizar esses mediante ordem judicial.

Entretanto, apesar dos aspectos positivos o Marco Civil da Internet apresenta alguns pontos que carecem ser criticados, em especial o que trabalha com a ideia da ("não") responsabilidade dos provedores (art. 18 ao 20) e o que impõe a necessidade se entrar com ação judicial para resolver questões que poderiam ser facilmente solucionadas na esfera extrajudicial.

2.1.3 - Lei Nº 13.709, de 14 de agosto de 2018: Lei Geral de Proteção de Dados

Promulgada em 2018, mas com vigência somente a partir de 2020, a Lei Geral de Proteção de Dados Pessoais (LGPD) marcou uma inovação do campo legislativo brasileiro ao tratar sobre os dados pessoais, com destaque para os oriundos do seio digital. Até porque, conforme consta em seu art. 1º, ela dispõe sobre o tratamento de dados pessoais, inclusive nos meios digitais, por pessoa natural ou por pessoa jurídica de direito público ou privado, com o objetivo de proteger os direitos fundamentais de liberdade e de privacidade e o livre desenvolvimento da personalidade da pessoa natural.

Em seu art. 2º brada que a proteção de dados pessoais no Brasil tem como fundamento o respeito à privacidade; a autodeterminação informativa; a liberdade de expressão, de informação, de comunicação e de opinião; a inviolabilidade da intimidade, da honra e da imagem; o desenvolvimento econômico e tecnológico e a inovação; a livre iniciativa, a livre concorrência e a defesa do consumidor; e os direitos humanos, o livre desenvolvimento da personalidade, a dignidade e o exercício da cidadania pelas pessoas naturais.

Um ponto importante da LGPD é que ela conceitua vários termos em seu art. 5º, o que tende a facilitar ao momento que se busca analisar casos concretos em paralelo com as suas normas. Veja-se:

> Art. 5º Para os fins desta Lei, considera-se:
> I - dado pessoal: informação relacionada a pessoa natural identificada ou identificável;
> II - dado pessoal sensível: dado pessoal sobre origem racial ou étnica, convicção religiosa, opinião política, filiação a sindicato ou a organização de caráter religioso, filosófico ou político, dado referente à saúde ou à vida

sexual, dado genético ou biométrico, quando vinculado a uma pessoa natural;
III - dado anonimizado: dado relativo a titular que não possa ser identificado, considerando a utilização de meios técnicos razoáveis e disponíveis na ocasião de seu tratamento;
IV - banco de dados: conjunto estruturado de dados pessoais, estabelecido em um ou em vários locais, em suporte eletrônico ou físico;
V - titular: pessoa natural a quem se referem os dados pessoais que são objeto de tratamento;
VI - controlador: pessoa natural ou jurídica, de direito público ou privado, a quem competem as decisões referentes ao tratamento de dados pessoais;
VII - operador: pessoa natural ou jurídica, de direito público ou privado, que realiza o tratamento de dados pessoais em nome do controlador;

Ademais, em seu art. 6º estão elencados os princípios que guiam a proteção de dados, sendo eles: finalidade, adequação, necessidade, livre acesso, qualidade de dados, transparência, segurança, prevenção, não discriminação, responsabilização e prestação de constas (este último que muito se liga ao compliance). Logo, percebe-se a intenção do legislador em nortear as atividades de tratamento de dados pessoais no Brasil rente à construção de uma comunidade instruída, cortês, empoderada e autônoma - paralelo ao preceito da boa-fé.

A LGPD também trata sobre como a empresa armazena, trata e exclui os dados. Em seu art. 7º descreve dez hipóteses de tratamento de dados pessoais, veja-se as principais: mediante o fornecimento de consentimento pelo titular (consentimento que deve ser livre, informado de forma clara e inequívoco, na qual não pode haver dúvida a fim de que não haja responsabilidade para o controlador); para o cumprimento de obrigação legal; pela administração pública para execução de políticas públicas; para a realização de estudos por órgão de pesquisa (garantida, sempre que possível, a anonimização); para o exercício regular de direitos em processo judicial, administrativo ou arbitral; para a tutela da saúde; para atender aos interesses legítimos do controlador ou de terceiros, e para a proteção do crédito.

A LGPD, para mais, aponta que o tratamento de dados pessoais sensíveis (dados que com maior potencial de constrangimento, como em relação a religião, orientação sexual etc.) só poderá ocorrer mediante consentimento, salvo as hipóteses descritas no inciso II, do art. 11, por exemplo, cumprimento de obrigação legal ou exercício regular de direitos.

Por fim, a LGPD dá empoderamento aos titulares de dados para que conheçam e tenham maior poder decisório sobre os seus dados. Em seu art. 17 dispõe que toda pessoa natural tem assegurada a titularidade de seus dados pessoais e garantidos os direitos fundamentais de liberdade, de intimidade e de privacidade e em no art. 18 brada que o titular dos dados pessoais tem direito a obter do controlador, em relação aos dados do titular por ele tratados, a qualquer momento e mediante requisição de confirmação da existência de tratamento; acesso aos dados; correção de dados incompletos, inexatos ou desatualizados; e anonimização, bloqueio ou eliminação. Logo, as empresas devem ter uma governança interna e compliance, conforme esses quatro pilares supracitados.

2.1.4 – Lei nº 12.846/2013: Lei Anticorrupção

A Lei nº 12.846, de 1º de agosto de 2013, dispõe sobre a responsabilização administrativa e civil de pessoas jurídicas pela prática de atos contra a administração pública, nacional ou estrangeira. A Lei Anticorrupção funda-se em cinco principais pontos: 1 - Responsabilidade objetiva das pessoas jurídicas e dos dirigentes; 2 – Multas; 3 - Cadastro Nacional de Empresas Punidas (CNEP); 4 - Acordo de Leniência; 5 - Programa de Integridade.

Falaremos a seguir os que se ligam ao compliance digital e direitos humanos. No que tange a Responsabilidade objetiva das pessoas jurídicas e dos dirigentes, em seu primeiro artigo explana o entendimento de que a responsabilização administrativa e civil de pessoas jurídicas pela prática de atos contra a administração pública, nacional ou estrangeira, será objetiva – quer dizer, não dependendo do elemento culpa. Nesse sentido, as pessoas jurídicas serão responsabilizadas objetivamente (nos âmbitos administrativo e cível) pelos atos lesivos previstos na lei praticados em seu interesse ou benefício, exclusivo ou não (art. 2º). Além disso, subsiste a responsabilidade da pessoa jurídica na hipótese de alteração contratual, transformação, incorporação, fusão ou cisão societária (art. 4º).

Já em torno das multas o art. 6º indica que na esfera administrativa serão aplicadas às pessoas jurídicas consideradas responsáveis pelos atos lesivos previstos sanções de multa [no valor de 0,1% (um décimo por cento) a 20% (vinte por cento) do faturamento bruto do último exercício anterior ao da instauração do processo administrativo, excluídos os tributos, a qual nunca será inferior à vantagem auferida, quando for possível sua estimação] ou publicação extraordinária da decisão condenatória. Para mais, no que se refere ao Cadastro Nacional de Empresas Punidas (CNEP) o art. 22 brada que tal cadastro reunirá e dará publicidade às sanções aplicadas pelos órgãos ou entidades dos Poderes Executivo, Legislativo e Judiciário de todas as esferas de governo com base nesta legislação.

Contudo, um fator que merece ser destacado é que dependendo do porte da empresa pode ser que seus gestores prefiram pagar o valor da multa do que efetivamente cumprir o determinado pela legislação, ou seja, monetariamente seja mais viável arcar com o valor da punição administrativa do que investir em um programa de prevenção de riscos. Por consequência, deveria ser pensado formas de fazer com que os estabelecimentos empresariais não tenham ideologias e práticas nesse sentido.

Já em torno do Programa de Integridade o seu art. 7º, inciso VIII, descreve que serão levados em consideração na aplicação das sanções a existência de mecanismos e procedimentos internos de integridade, auditoria e incentivo à denúncia de irregularidades e a aplicação efetiva de códigos de ética e de conduta no âmbito da pessoa jurídica. Em complemento, em seu parágrafo único informa que os parâmetros de avaliação de mecanismos e procedimentos previstos do inciso supracitado serão estabelecidos em regulamento do poder executivo federal.

Por fim, cumpre destacar que o art. 5º apresenta os atos lesivos que violam à administração pública, nacional ou estrangeira, sendo estes entendidos como aqueles que atentem contra o patrimônio público nacional ou estrangeiro, contra princípios da administração pública ou contra os compromissos internacionais assumidos pelo Brasil.

Nesse caso, fazendo uma interpretação extensiva, claramente pode-se enquadrar os direitos humanos, os quais devem sempre ser respeitados pelo seio corporativo.

2.1.5 – Decreto nº 8.420, de 18 de março de 2015

Por último, o Decreto nº 8.420, de 18 de março de 2015, regulamenta a Lei nº 12.846, de 1º de agosto de 2013, que dispõe sobre a responsabilização administrativa de pessoas jurídicas pela prática de atos contra a administração pública, nacional ou estrangeira e dá outras providências.

Dentre seus artigos destaca-se o seguinte:

> Art. 42. Para fins do disposto no § 4º do art. 5º, o programa de integridade será avaliado, quanto a sua existência e aplicação, de acordo com os seguintes parâmetros:
> I - comprometimento da alta direção da pessoa jurídica, incluídos os conselhos, evidenciado pelo apoio visível e inequívoco ao programa;
> II - padrões de conduta, código de ética, políticas e procedimentos de integridade, aplicáveis a todos os empregados e administradores, independentemente de cargo ou função exercidos;
> III - padrões de conduta, código de ética e políticas de integridade estendidas, quando necessário, a terceiros, tais como, fornecedores, prestadores de serviço, agentes intermediários e associados;

IV - treinamentos periódicos sobre o programa de integridade;

V - análise periódica de riscos para realizar adaptações necessárias ao programa de integridade;

VI - registros contábeis que reflitam de forma completa e precisa as transações da pessoa jurídica;

VII - controles internos que assegurem a pronta elaboração e confiabilidade de relatórios e demonstrações financeiros da pessoa jurídica;

VIII - procedimentos específicos para prevenir fraudes e ilícitos no âmbito de processos licitatórios, na execução de contratos administrativos ou em qualquer interação com o setor público, ainda que intermediada por terceiros, tal como pagamento de tributos, sujeição a fiscalizações, ou obtenção de autorizações, licenças, permissões e certidões;

IX - independência, estrutura e autoridade da instância interna responsável pela aplicação do programa de integridade e fiscalização de seu cumprimento;

X - canais de denúncia de irregularidades, abertos e amplamente divulgados a funcionários e terceiros, e de mecanismos destinados à proteção de denunciantes de boa-fé;

XI - medidas disciplinares em caso de violação do programa de integridade;

XII - procedimentos que assegurem a pronta interrupção de irregularidades ou infrações detectadas e a tempestiva remediação dos danos gerados;

XIII - diligências apropriadas para contratação e, conforme o caso, supervisão, de terceiros, tais como, fornecedores, prestadores de serviço, agentes intermediários e associados;

XIV - verificação, durante os processos de fusões, aquisições e reestruturações societárias, do cometimento de irregularidades ou ilícitos ou da existência de vulnerabilidades nas pessoas jurídicas envolvidas;

XV - monitoramento contínuo do programa de integridade visando seu aperfeiçoamento na prevenção, detecção e combate à ocorrência dos atos lesivos previstos no art. 5º da Lei nº 12.846, de 2013; e

XVI - transparência da pessoa jurídica quanto a doações para candidatos e partidos políticos.

Dessa forma, o referido artigo explana os principais pontos que devem ser seguidos para estruturação dos planos de integridade, planos esses que tem de ser elaborados a partir de um efetivo programa de compliance. Diante disso, o Programa de Compliance de uma empresa deve ter caráter multidisciplinar e sistêmico, assim como possuir natureza plural. Ademais, percebe-se que determinado programa de compliance não se liga apenas a uma pauta, por exemplo, sobre Direito Digital, mas sim podendo versar também sobre a pauta trabalhista, tributária e administrativa. Todavia, é necessário que dentro da equipe de compliance tenha-se profissionais especializados para o melhor desempenho da empresa e para não ocorrer eventual responsabilização administrativa ou penal.

Assim sendo, fica a recomendação para que todas as empresas tenham um bom serviço de compliance a fim de prestar assessoria e ajudar no cumprimento das determinações da legislação e programas de integridade, pois, caso contrário, estarão em desconformidade legal e sujeitas a sanções administrativas. Consequentemente, a Autoridade Nacional de Proteção de Dados poderá fiscalizar o estabelecimento corporativo e com o direito de aplicar punições, conforme apontado anteriormente. Portanto, a cultura do programa de compliance deve ser cada vez mais incentivada e adotada nas empresas ao redor do país, em especial as que tratam de dados pessoais, escopo deste estudo.

2.1.6 - Princípios Orientadores sobre Negócios e Direitos Humanos

Os Princípios Orientadores sobre Negócios e Direitos Humanos foram elaborados pelo professor e cientista político austríaco John Ruggie e endossados pelo Conselho de Direitos Humanos das Nações Unidas, em junho de 2011, os quais se fundamentam em três pilares: proteger, respeitar e remediar os direitos humanos. Os referidos eixos se relacionam estritamente à Empresas e Estados Nacionais, dado que com eles é incentivado a proteção dos direitos humanos, o respeito dos mesmos pelas empresas de pequeno, médio e grande porte, e, por fim, o dever de reparação de danos aos agentes que sintam eventualmente lesionados (ALVES; HEILBUTH, 2021, p. 38).

Apesar dos Princípios Orientadores sobre Negócios e Direitos Humanos se fundarem como recomendações, ou seja, não existe o dever de vinculação que os tornem obrigatórios - seja plano externo ou interno, eles simbolizam um significativo progresso na tutela internacional dos direitos humanos sob o âmbito corporativo, dado que antes os atores privados raramente eram citados nessa temática (ALVES; HEILBUTH, 2021, p. 38).

Dessa forma, percebe-se uma verdadeira interconexão dos Princípios Orientadores sobre Negócios e Direitos Humanos com o Compliance, pois compactuam harmonicamente de inúmeros preceitos e diretrizes, em especial em torno da cultura preventiva. Com efeito, é evidente que podem auxiliar de forma mútua na proteção dos direitos humanos, sobretudo os derivados do campo virtual. Por isso, há a necessidade de promover um diálogo entre esses elementos a fim de favorecer com nas empresas (sejam elas públicas ou privadas) se incentive o respeito aos direitos humanos, nas suas mais variadas formas, por exemplo, em torno da privacidade do sujeito face os dados pessoais na internet.

Capítulo 2

O impacto dos termos de uso e políticas de privacidade nos direitos dos usuários de internet

Os ensinamentos de Noberto Bobbio, ao deliberar sobre as gerações de direitos do homem, sintetizam de forma objetiva esta perene evolução, pois ele expõe que a progressão destes direitos se deu a partir de garantia das liberdades individuais para os direitos sociais, em seguida percorrendo para o direito de viver em um ambiente não poluído e, finalmente, para a defesa das pesquisas biológicas/genéticas (BOBBIO, 2004, p. 6). Inclusive, existem autores que já trabalham com a existência de uma quinta geração direitos, isto é, relacionada aos impactos das tecnologias (BUDEL, 2017, p. 15). Logo, a análise dos direitos humanos não pode ignorar os efeitos oriundos da internet, o que torna necessário a proteção dos dados pessoais e privacidade dos usuários.

Nesse sentido, hodiernamente, vive-se a era denominada como "sociedade da informação" (CASTELL, 2007, p. 13), período em que a sociedade se estrutura a partir do elemento "informação", melhor dizendo, a informação (real ou virtual) figura-se como principal componente de sua organização. Tanto é que se já se opera com a ideia de que houve uma "digitalização simbólica da humanidade", visto que a informação passou a se configurar como principal elemento para desenvolvimento pessoal, corporativo e institucional, ainda mais levando em conta a economia fundada em bens imateriais (MARTINS, FURTADO; COUTO, 2021, p. 2). Ademais, pois a informação se configura como um instrumento capaz de gerar lucros, já que é um ativo agregador de valor (LÓSSIO, 2020, p. 17) - sobretudo levando em conta o atual cenário de sociedade capitalista.

Desse modo, as relações sociais, consumeristas etc. se maximizaram através da internet, na qual os dados pessoais estão cada vez mais inseridos nesse cenário – seja no que tange aos sites de notícias ou plataformas de estudo ou de trabalho, redes sociais ou em torno do comércio eletrônico. Com efeito, surge a necessidade de proteger os ativos digitais presentes nesse nicho, seja como forma a salvaguardar os direitos humanos intrínsecos dessa pauta ou respeitar a legislação vigente, nesse último caso sendo ônus das próprias empresas.

Assim, o compliance desponta como importante elemento para favorecer tal questão. Até porque, no que toca ao plano do e-commerce ou em sites que armazenam dados, o referido programa é capaz de atuar na construção e implementação dos termos de uso e políticas de privacidade, de modo que esses sejam estruturados em respeito a legislação vigente. Evitando assim violações à direitos humanos característicos do plano cibernético, como em torno da privacidade.

No que toca aos termos de uso e políticas de privacidade, mister registrar que eles são usados como uma espécie de contratos padronizados no campo virtual, os quais são desenvolvidos, por exemplo, por fornecedores de produtos ou serviços ou então pelos gestores das empresas de determinado site, independentemente do ramo. Logo, caracterizam-se como contratos de adesão, já que não há a possibilidade de retificação por parte dos proprietários dos dados pessoais (RAMOS; SANTANA, 2021, p. 176).

Entretanto, ocorre que a estruturação desses termos e políticas de privacidade podem ser feitas de modo a prejudicar o proprietário dos ativos digitais, na qual há a possibilidade de existência de determinada cláusula indicando que os dados pessoais do agente poderão ser vendidos ou cedidos para outras empresas como forma de potencializar propagandas de acordo com preferências do usuário. Além disso, podendo ceder os dados pessoais para práticas ilícitas, como aplicação de golpes cibernéticos capazes de gerar danos patrimoniais e extrapatrimoniais.

Logo, considerando que muitos usuários não têm o hábito de ler os termos de uso e políticas de privacidade dos sites, derivado de vulnerabilidade social, educacional, etária etc., eles acabam ficando expostos aos riscos desse seguimento, riscos esses que podem ser repassados pelas próprias empresas, e eventualmente fazer com que os usuários possam ter seus direitos violados. Assim, mostra-se imprescindível frear os riscos oriundos da coleta "com consentimento" por contratos de adesão ou de coleta indevida (sem consentimento), a fim de promover a proteção da intimidade das pessoas na internet. Missão essa de todas as empresas que têm seu negócio voltado aos dados. Pois, ao adotarem tal prática empresarial assumem os riscos que se ligam as informações (públicas, privadas ou sensíveis), independentemente de terem propósito ou não de obter lucros.

3.1 - Gerenciamento de riscos em Compliance Digital: da análise de risco à atuação do Compliance na prevenção de danos no que tange a seara dos direitos humanos na internet

É sabido que em grande parte os riscos presentes na internet são repassados aos usuários, visto que as empresas aproveitam que muitos usuários não leem os termos de uso e consentimento e usam os dados pessoais desses sujeitos para as mais variadas formas (lícitas ou não), desrespeitando em especial a Lei Geral de Proteção. Mas, também, existe o fato de que as empresas armazenam os dados pessoais após consumidores realizarem compras ou preencherem cadastros para acesso a informações derivado do trabalho, educação, saúde etc., o que demanda extrema cautela a fim de não ocorrer o vazamento desses ou ataques aos sistemas de segurança de empresas ligadas a pauta.

Diante disso, mostra-se imprescindível a efetivação da análise de gestão de riscos no seio corporativo, o que pode ser feito com auxílio do compliance, mais propriamente dito pelo programa de integridade (regulamento interno da empresa), o qual deve ter caráter interdisciplinar, em especial tendo em vista que está interligado a diversos atores, áreas e processos. Dentre seus pilares de estruturação destaca-se a necessidade de cumprir as normas de forma horizontal, promover constantes treinamentos e fiscalização em todos os setores da empresa, e, por fim, providenciar um constante monitoramento do plano de integridade, adaptando-se as novas demandas e buscando solucionar eventuais ocorrências de atos lesivos. Dessa forma, caracteriza-se como um importante elemento organizacional que busca facilitar o desempenho das ações empresariais paralelo a transparência, prevenção, credibilidade, colaboração, conscientização e elevado grau de confiança e verificação.

Nesse sentido, o compliance por meio do programa de integridade pode promover a gestão de riscos. A gestão de riscos, quando voltada as tecnologias, deve ter sua análise iniciada a partir de elementos que possam oferecer ameaças e/ou vulnerabilidades. Nesse caso, ameaça deve ser compreendida como algo que possa modificar o *status quo*, isto é, a forma que determinada coisa estava até acontecer certo evento. Já a vulnerabilidade pode ser relacionada a própria informação visto que pode ser adulterada, como também aos titulares dos dados, sendo nesse caso educacional, informacional, social etc. (ESTEVAM; HEILBUTH, 2020, p. 655). Logo, há a necessidade de uma coerente política de tratamento de dados, a qual deve ter elementos muito bem detalhados sobre a utilização dos mesmos, isto desde a fase de coleta de dados, armazenamento, utilização e descarte.

Para mais, é necessário que a gestão de riscos digitais seja fundada sob a implementação de um programa de privacidade de dados pessoais por meio da análise mútua do setor de Recurso Humanos, Tecnologia de Informação, Setor Jurídico e de Compliance. A referida análise é comumente conhecida como *Duo Diligencie*, sendo um processo que envolve o estudo, pesquisa e avaliação detalhada de informações de uma determinada empresa.

Dessa maneira, além de mensurar sobre as normas internas e externas que se ligam a empresa paralelo aos dados pessoais, sugere-se que a gestão de riscos faça também um correto mapeamento, inventário e fluxos dos dados (identificando quem são os titulares, como são armazenados, quais são os tipos de dados, como são acessados e para qual finalidade serão usados), uma avaliação de impacto a privacidade (por meio de um relatório de impacto, onde deve-se avaliar a descrição, proporção e medidas para tratar dos riscos) e a criação de avaliação de impacto de segurança da informação, por exemplo, através da descrição do tratamento previsto, variação da necessidade e proporcionalidade de quais medidas já foram previstas e deverão ser executadas, bem como a avaliação dos riscos de direitos a liberdade, monitoramento e constante revisão do texto elaborado.

Contudo, para maior otimização dos resultados da implementação dos preceitos e diretrizes do compliance é importante que essa proteção dos dados pessoais seja também estruturada em conjunto com o setor Governança e Ética.

A Governança é um mecanismo que engloba todos os setores da empresa, ou seja, relaciona-se ao público que orbita em volta da empresa, como trabalhadores, fornecedores, clientes etc. (identificados pela doutrina como *Stakeholders*) e aos acionistas, conselho de administração, diretoria executiva e conselho fiscal (denominados *Shareholders*). Ademais, a Governança pode se ligar estritamente ao seio de Tecnologia de Informação, quando se tratar de empresas que se ligam estritamente a pauta das tecnologias e informação. Assim, podem usar das tecnologias como um modo de otimizar o uso dos dados pessoais, mas com responsabilidade já que os dados pessoais se concentram como uma temática extremamente delicada, já que se liga em grande escala com a privacidade dos usuários.

Por outro lado, a Ética pode contribuir com a proteção dos direitos humanos a partir dos Códigos de Ética e Conduta interligados aos Programas de Integridade de Compliance, pois considerando que pode ser compreendida a partir de seu conjunto de valores, comportamentos e decisões humanas, em que se busca fazer a coisa certa mesmo que os demais a sua volta não estejam fazendo, ela pode corroborar para que as pessoas edifiquem um ambiente aprazível e involuntariamente respeitem as normas de boa conduta e orientações profissionais e legislativas para melhor execução do trabalho.

À vista disso, percebe-se que há relação entre o Plano de Integridade e termos de uso e políticas de privacidade em empresas de TIC, dado que esses não podem conter cláusulas que vão de encontro a salvaguarda dos direitos humanos, em especial a proteção da privacidade das pessoas em relação aos seus dados públicos, privados ou sensíveis. Em razão disso, é preciso que o setor de compliance faça um correto mapeamento dos dados dos usuários e estruture os termos de uso e políticas de privacidade da empresa em consonância com o determinado pela Lei Geral de Proteção de Dados, Marco Civil da Internet e Constituição Federal de 1988. Por consequência, devendo-se colocar em prática os preceitos e diretrizes dos Princípios Orientadores sobre Negócios e Direitos Humanos, ou seja, proteger, respeitar e remediar os direitos humanos no seio corporativo.

Destarte, havendo esse compromisso do compliance, sobretudo o compliance digital, com a proteção dos dados pessoais através de uma correta e efetiva gestão de riscos será oportunizado o desempenho da atividade empresarial de modo preventivo. Prevenção essa que pode ocorrer por intermédio do plano de resposta a incidentes de segurança com dados pessoais quando se tratar de eventuais vazamentos de dados e por meio dos termos de uso e políticas de privacidade, dado que uma vez bem elaborados será mitigado a probabilidade de potenciais lides em torno de titulares de dados que se sintam eventualmente lesionados.

Logo, com tal postura corporativa será favorecida a adoção de medidas de prevenção para adequação às regras aplicáveis às tecnologias da informação, bem como evitando danos que possam culminar na aplicação de multas e situações que possam pôr à prova a reputação e credibilidade social empresarial (CAVALARI, 2020, p. 50). Consequentemente, viabilizando o respeito aos direitos humanos oriundos do campo virtual, por isso podendo-se trabalhar com a ideia de "compliance em direitos humanos" (GODOI, 2016, p. 34-35).

Capítulo 4

Responsabilidade social corporativa nas empresas de TIC perante o tratamento de dados pessoais

A responsabilidade social corporativa está diretamente relacionada ao prisma principiológico da função social da empresa, na qual além de lucros o setor corporativo tem deveres em prol da sociedade, como por exemplo, o desenvolvimento sustentável e respeito aos direitos humanos. Assim, pode-se entender que liberdade de iniciativa empresarial é mitigada, a qual deve ser executada com cautela. Ademais, devendo sempre buscar o respeito aos direitos humanos, pois, considerando que o compliance possui estrita ligação com a dignidade da pessoa humana as empresas devem adequar suas regras, normas e políticas com este princípio - regras essas que igualmente não devem estimular crimes contra a privacidade, a honra, preconceitos, assédios e entre outros, em especial a fim de evitar multas e outras penalidades.

Mas, essa responsabilidade também se liga a pauta reparatória. A Lei Geral de Proteção de Dados, acerca do tema de Responsabilidade e do Ressarcimento de Danos, em seu art. 42, explana que o controlador ou o operador que, em razão do exercício de atividade de tratamento de dados pessoais, causar a outrem dano patrimonial, moral, individual ou coletivo, em violação à legislação de proteção de dados pessoais, é obrigado a repará-lo. Com efeito, consagra-se a responsabilidade objetiva do controlador (agente que cuida do tratamento de dados) e do operador (pelo risco da atividade).

Portanto, vê-se que referida legislação consagra a proteção da privacidade em torno dos dados pessoais, sendo latente o direito de indenização. Até porque, conforme já destacado, ocorrendo eventual ato ilícito em torno dos dados pessoais, cabe ao titular ingressar com ação judicial a fim de exigir indenização por dano patrimonial e extrapatrimonial, conforme caso concreto.

Isto posto, nota-se relação entre o Compliance e a Responsabilidade Social Corporativa, na qual o Compliance Digital mostra-se como elemento capaz de promover impactos positivos na construção dos Termos de Uso e Políticas de Privacidade face os direitos dos usuários de Internet. Desse modo, fica evidente a importância do compliance no seio empresarial. Em especial, tendo em vista sua missão de corroborar para a construção de um ambiente corporativo cada vez mais harmônico e íntegro a partir do efetivo cumprimento das normas de condutas externas e internas, bem como implementação de políticas que favoreçam a mitigação de riscos e prevenção de danos.

Capítulo 5

Conclusão

Por todo exposto, viu-se que o programa de *compliance*, aliado a ética e governança, tem potencial para atuar como um elemento favorável a proteger os direitos humanos ligados à esfera virtual em meio ao setor corporativo, em especial no que tange a proteção dos dados pessoais sob a perspectiva preventiva e reparatória. Igualmente, percebeu-se que Princípios Orientadores sobre Negócios e Direitos Humanos, endossados pelo Conselho de Direitos Humanos das Nações Unidas em junho de 2011, possuem estrita ligação o *Compliance*.

Para mais, ficou evidente, através de estudo panorâmico com as gerações de direitos, que existem direitos humanos intrínsecos a seara tecnológica e que merecem tutela especializada, em particular considerando a Emenda Constitucional nº 115 que consagra a proteção de dados pessoais entre os direitos e garantias fundamentais da CRFB/88 e a Resolução do Conselho de Direitos Humanos da ONU que determinou que os mesmos direitos que as pessoas têm offline também devem ser protegidos online.

Por fim, viu-se que há repercussão entre o Compliance e a Responsabilidade Social Corporativa, na qual o Compliance Digital pode promover impactos positivos na construção dos Termos de Uso e Políticas de Privacidade face os direitos dos usuários na Internet. Outrossim, viu-se que a análise e o gerenciamento de riscos por meio do *Compliance* (Digital) pode ser um importante instrumento para a prevenção de danos no que tange a seara dos direitos humanos e internet, em particular por meio da criação do plano de resposta a incidentes de segurança da informação.

Referências

ALTOÉ, Marcelo Martins. BEDÊ JUNIOR, Américo. Investigações empresariais internas e proteção de dados: uma análise da constitucionalidade das restrições impostas pelo artigo 4º, §§ 2º e 4º, da Lei 13.709/2018 (LGPD). **Revista dos Tribunais**. Revista dos Tribunais Online. Vol. 1008/2019. P. 57-91. Edição: outubro. 2019.

ALVES, Rodrigo Vitorino Souza; HEILBUTH, Diogo Calazans Ferreira. A prevenção de desastres à luz das obrigações empresariais de respeito aos direitos humanos. **INTER – Revista de Direito Internacional e Direitos Humanos da UFRJ**. Vol. 4, nº 2, Julho a Dezembro - 2021. pp 36-56.

ANTONIK, Luis Roberto. **Compliance, ética, responsabilidade social e empresarial: uma visão prática**. Rio de Janeiro: Alta Books, 2016. Edição do Kindle.

BAUMAN, Zygmunt. **Ética pós-moderna**. Tradução: João Rezende Costa. São Paulo. Editora Paulus, 1997.

BOBBIO, Norberto. **A era dos direitos**. Tradução de Carlos Nelson Coutinho; apresentação de Celso Lafer. Editora: Elsevier. Edição: 7ª. Rio de Janeiro – RJ, 2004.

BOBBIO, Noberto. **Teoria da Norma Jurídica**. Edipro. 1ª edição. Bauru-SP. 2001.

BUDEL, Diego G. O. Direitos Fundamentais: Dimensões e redimensionamentos perante o protagonismo da solidariedade. **Revista Direito UNIFACS – Debate Virtual**. n. 209, 2017.

CAOVILLA, Renato. DUFLOTH, Rodrigo. PAZINE, Letícia. Proteção de dados pessoais: desafios e impactos práticos para as organizações. **Revista de Direito Recuperacional e Empresa**. Vol. 12/2019. Edição: Abr-Jun. 2019.

CASTELLS, Manuel. **A galáxia internet: reflexões sobre Internet, Negócios e Sociedade**. Fundação Calouste Gulbenkian, 2ª Edição. 2007.

CASTELLS, Manuel. **Sociedade em Rede**. Tradução Roneide Venancio Majer e Klauss Brandini Gerhardt. 9. ed. rev. e ampl. São Paulo: Paz e Terra, 2006.

CAVALARI, Ana Paula França. O Compliance Digital Como Tecnologia De Gestão. P. 40-59. In: **Elas na Advocacia**. Claudia Sobreiro de Oliveira, Fabiana Oliveira...[et.al] (Coordenadoras). – Porto Alegre: OAB/RS, 2020. 872p. 2020.

COMPLIANCE TOTAL. **Pilares de um mecanismo de integridade e sistema de compliance**. Texto baseado no conteúdo do livro "Compliance – A excelência na prática" de Wagner Giovanini. 2014. Disponível em: www.compliancetotal.com.br/compliance/pilares. Acesso em: 14.10.2019.

CORIA, Dino Carlos Caro; CAVAGNARI, Rodrigo J. **Direitos humanos, compliance e indústrias extrativistas na América Latina**. Revista Justiça e Sistema Criminal, v. 9, n. 17, P. 87-110, Edição: jul.-dez. Publicado em: 2017. Disponível em: http://www.sistemacriminal.org/site/files/Livro.pdf. Acesso em: 12 fev.2019.

DEVMEDIA. **Governança de Tecnologia da Informação.** Disponível em: https://www.devmedia.com.br/governanca-de-tecnologia-da-informacao/13826. Acesso em 19 mar. 2022.

DUTRA, Lincoln Zub. VILLATORE, Marco Antônio César. O compliance e a responsabilidade social corporativa como forma de concretização de direitos humanos e laborais. **Revista de Direito do Trabalho**. Revista dos Tribunais Online. Vol. 201/2019. P. 95 – 124. 2019.

ESTEVAM, Marcelo Henrique de Sousa; HEILBUTH, Diogo Calazans Ferreira. Pandemia do COVID 19: O desafio da gestão municipal no implemento de medidas preventivas/precautórias diante da vulnerabilidade digital presente na sociedade contemporânea. **Revista Avant.** 7° Ed. v.4, n. 2; P. 636-657, 2020.

FEBRABAN (Federação Brasileira de Bancos). ABBI (Associação Brasileira de Bancos Internacionais); **"Cartilha "Função de Compliance".** Disponível em:

http://www.abbi.com.br/download/funcaodecompliance_09.pdf. p. 1-30. Publicado em: Julho 2009. Acesso em: 11 mar. 2022.

FERREIRA Keila Pacheco. RODRIGUES, Yuri Gonçalves Dos Santos. A Prnaci Dade No Ambiente Virtual: Avanços E Insuficiências Da Lei Geral De Proteção De Dados No Brasil (Lei 13.709/18). **Revista de Direito do Consumidor**. Edição: 85. Revista dos Tribunais. Ano 28, vol. 122, mar-abr./2019.

FERREIRA, Keila Pacheco; MARTINS, Fernando Rodrigues. Diálogo de fontes e governança global: hermenêutica e cidadania mundial na concretude dos direitos humanos. **Revista de Direito do Consumidor.** Volume: 117/2018. DTR\2018\15894, p. 443–467.

FERREIRA, Keila Pacheco; RESENDE, Ana Paula Bougleux Andrade. Histórico normativo da proteção de dados pessoais no ordenamento jurídico brasileiro: avanços e retrocessos na tutela da privacidade. **Revista de Direito do Consumidor**. Volume: 137/2021. Edição: Set-Out. P. 85 – 112. 2021.

FRANCISCHETTO, Gilsilene Passon Picoretti. SIQUEIRA, Vitor da Costa Honorato de. O surgimento dos programas de compliance e sua aplicação na seara trabalhista à luz da função social da empresa. **Revista dos Tribunais**. Revista dos Tribunais Online. Vol. 1019/2020. P. 319 – 332. 2020.

FRAZÃO, Ana; OLIVA, Milena Donato; ABILIO, Vivianne da Silveira. **Compliance de dados pessoais.** In:

TEPPEDINO, Gustavo; FRAZÃO, Ana; OLIVA, Milena Donato (Coords.). Lei geral de proteção de dados pessoais e suas repercussões no direito brasileiro. São Paulo: Ed. RT, 2019.

FREITAS, Carla. **Como elaborar uma política de privacidade aderente à LGPD?**. SERPRO - Serviço Federal de Processamento de Dados. Publicado em: 11 out. 2019. Disponível em: https://www.serpro.gov.br/lgpd/noticias/2019/elabora-politica-privacidade-aderente-lgpd-dados-pessoais. Acesso em: 18 mar. 2022.

FULLER, Greice Patrícia. FIGUEIREDO, Leidi Priscila. Compliance Empresarial e Tutela Penal na Sociedade Da Informação. **Revista dos Tribunais**. Revista dos Tribunais Online. Vol. 996/2018. P. 573-588. 2018.

GODOI, Carlos Eduardo Gonçalves De. A aplicação do mecanismo de compliance na sistemática empresarial de respeito aos direitos humanos. **Monografia de Conclusão de Curso**. Universidade Federal de Juiz de Fora - Faculdade De Direito. P. 1-347. 2016.

GOUVÊA, Eduardo Mingorance de Freitas. Privacidade e Internet: o direito de não ser exposto na rede. **Revista de Direito Privado**. Volume: 97/2019. Edição: Jan – Fev. P. 19 – 44, 2019.

LEAL, Mariana Evelin da Silva. Direitos Humanos e Empresas: uma análise histórica sobre o tratamento das Nações Unidas conferido à temática e propostas para seu aperfeiçoamento. **Revista Internacional De Direitos Humanos e Empresas.** Vol. IV. Edição: Jan – Dez, 2020.

LIMA, Thainá Lopes Gomes; MARTINS, Fernando Rodrigues. Da vulnerabilidade digital à curiosa "vulnerabilidade empresarial": polarização da vida e responsabilidade civil do impulsionador de conteúdos falsos e odiosos na "idade" da liberdade econômica. **Revista de Direito do Consumidor**. Volume: 128/2020. DTR\2020\6380, P. 119 – 161.

LONGHI, João Victor Rozatti. MARTINS, Guilherme Magalhães. Responsabilidade civil na Lei Geral de Proteção de Dados, consumo e a intensificação da proteção da pessoa humana na internet. **Revista de Direito do Consumidor**. Revista dos Tribunais Online. Volume 139/2022. P. 1-19. 2022.

LÓSSIO, Cláudio Joel Brito. **O compliance digital e a proteção de dados: preservando direitos na sociedade da informação.** Dissertação Mestrado em Direito. Departamento de Direito. Universidade Autónoma de Lisboa "Luís de Camões". P. 1-122. 2020.

MACEDO JÚNIOR, Ronaldo Porto. Privacidade, Mercado e Informação. **Doutrinas Essenciais de Responsabilidade Civil.** Revista dos Tribunais Online. Volume: 8. Edição: Out. P. 25 – 40, 2011.

MALUF, Thiago; GARCIA, Murilo Sapia. As implicações da Lei Geral de Proteção de Dados nas investigações internas dos programas de compliance. **Revista de Direito e as Novas Tecnologias**. Editora Revista dos Tribunais. Edição nº 13. Ano IV. São Paulo – SP. 2021.

MARTINS, Fernando Rodrigues. Sociedade da informação e promoção à pessoa: empoderamento humano na concretude de novos direitos fundamentais. **Revista de Direito do Consumidor**. Vol. 96/2014, p. 225 - 257. Nov–Dez/2014 DTR\2014\18735, 2014.

MARTINS, Fernando Rodrigues; FERREIRA, Keila Pacheco. "Interpretação 4.0" do direito, inteligência artificial e algoritmos: entre disrupções digitais e desconstrutivismos. **Revista de Direito do Consumidor**. Volume: 138/2021. Edição: Nov–Dez. P. 153 – 173, 2021.

MARTINS, Fernando Rodrigues; FURTADO, Samuel Nunes. COUTO, José Henrique de Oliveira. Críticas à PEC 17/19: o simbolismo da proteção de dados pessoais como direito fundamental expresso. **Revista de Direito e as Novas Tecnologias.** Volume: 12/2021. p. 1-14. Edição: Jul–Set. 2021.

MARTINS, Guilherme Magalhães; FALEIROS JÚNIOR, José Luiz de Moura. Compliance digital e responsabilidade civil na Lei Geral de Proteção de Dados. In: MARTINS, Guilherme Magalhães; ROSENVALD, Nelson. **Responsabilidade civil e novas tecnologias**. Indaiatuba: Foco, 2020.

MORAES, Maria Celina Bodin. **LGPD: um novo regime de responsabilização civil dito "proativo"**. Editorial civilistica.com. Rio de Janeiro. a. 8, n 3, 2019. Disponível em: https://civilistica.com/wp-content/uploads1/2020/04/Editorial-civilistica.com-a.8.n.3.2019-2.pdf. Acesso em: 29.08.2021.

MOREIRA, Angelina Colaci Tavares. As transnacionais e a ampliação dos sujeitos de Direito Internacional. **Homa Publica - Revista Internacional De Derechos Humanos Y Empresas**. Volume: *4*(1). Edição: 056. Disponível em: https://periodicos.ufjf.br/index.php/HOMA/article/view/30499. Acesso em: 04 mai. 2022.

MOREIRA, Felipe Oswaldo Guerreiro; SILVA, Ricardo Murilo da. Compliance para proteção dos Direitos Humanos em empresas. Homa Publica. **Revista Internacional de Direitos Humanos e Empresas**. Edição: 57. Vol. 04. Edição: Jan-Dez, 2020.

PIOVESAN, F.; GONZAGA, V. Empresas e direitos humanos: desafios e perspectivas à luz do direito internacional dos direitos humanos. **Revista do Tribunal Regional Federal da 1ª Região**, Volume: 31. Número: 1, P. 11–28, 2019. Disponível em: https://revista.trf1.jus.br/trf1/article/view/9. Acesso em: 4 maio. 2022.

PIOVESAN, Flávia. Internet, Direitos Humanos e Sistemas De Justiça. **Revista de Direito Constitucional e Internacional**. Volume: 116/2019. DTR\2019\42413, P. 133–153, 2019,

RAMOS, Anna Luíza Salles; SANTANA, Héctor Valverde. A efetividade do direito à informação adequada em relação aos termos de uso e serviço e políticas de privacidade. **Revista de Direito do Consumidor**. Vol. 134/2021. Edição: Mar – Abr. P. 175 – 194, 2021.

REIS, Beatriz de Felippe. A cultura de compliance em matéria de proteção de dados e sua adoção no âmbito laboral. **Revista de Direito do Trabalho**. Revista dos Tribunais Online. Volume 214/2020. P. 323 – 340, 2020.

RODOTÀ, Stefano. **A vida na sociedade de vigilância: a privacidade hoje**. A vida na sociedade de vigilância. Rio de Janeiro: Renovar, 2008.

SILVA, José Afonso da. **A dignidade da pessoa humana como valor supremo da democracia**. Revista de Direito Administrativo. Publicada: abr./jun. 1998.

SILVA, Rita Daniela Leite; BORSATTO, Alana. Compliance e a Relação de Emprego. **Direito do Trabalho e Meio Ambiente do Trabalho** *I*. XXIV Congresso Nacional do CONPEDI. 2015. P. 287-302. Disponível em: http://site.conpedi.org.br/publicacoes/66fsl345/i135trx2/wP74dLG9jTXn8X4d.pdfAcesso. Acesso em: 11 mar. 2022.

SILVA, Virgílio Afonso da. **A Constitucionalização do Direito: Os Direitos Fundamentais nas Relações entre Particulares**. São Paulo: Malheiros, 2005.

UNICEF BRASIL. O que são direitos humanos?. **Portal UNICEF Brasil.** Disponível em: https://www.unicef.org/brazil/o-que-sao-direitos-humanos. Acesso em: 07 jun. 2022.

VALENTE, Jonas. Direitos Humanos devem ser respeitados na Internet, diz ONU. **Portal Agência Brasil**. Publicado em: 14 ago. 2018. Disponível em: https://agenciabrasil.ebc.com.br/direitos-humanos/noticia/2018-07/direitos-humanos-devem-ser-respeitados-na-internet-diz-onu. Acesso em: 09 jun. 2022.

VENTURINI, Jamila, et al. **Termos de uso e direitos humanos: uma análise dos contratos das plataformas online**. Edição: 1ª. Rio de Janeiro: Revan, 2019.

Marco
Teórico
Editora

www.ingramcontent.com/pod-product-compliance
Lightning Source LLC
LaVergne TN
LVHW010109170826
845678LV00012B/2316